Boff / Betto
Mystik der Straße

Leonardo Boff
Frei Betto

MYSTIK DER STRASSE

Patmos Verlag
Düsseldorf

Übersetzung aus dem Portugiesischen
und Bearbeitung für die deutsche Ausgabe:
Horst Goldstein
Die Originalausgabe erschien 1994 in Rio de Janeiro

Die Deutsche Bibliothek — CIP-Einheitsaufnahme
Boff, Leonardo:
Mystik der Strasse / Leonardo Boff/Frei Betto. —
1. Aufl. — Düsseldorf : Patmos-Verl., 1995
ISBN 3-491-77971-5
NE: Betto, Frei:

1. Auflage 1995
Umschlagbild: Ulf Müller-Moewes, Königswinter
Satz: Fotosatz Froitzheim, Bonn
Druck und Bindung: Clausen & Bosse, Leck
ISBN 3-491-77971-5

Inhalt

Einleitung

Immer, wenn eine Kultur in die Krise gerät, melden sich Religion und Mystik mächtig zurück. Die Re-ligion sucht in der Tiefe der Erfahrung nach einem neuen Sinn, der aneinander rück-binden kann, was da auseinandergeraten ist und was eben die Kultur in die Krise geraten ließ. Der neue Sinn vermag es, das persönliche Bewußtsein an seine Tiefenschichten rück-zu-binden, das Ich an die anderen, die Gegenwart an die Vergangenheit und an die Verheißung der Zukunft, die Welt an Gott. So erweisen sich die Re-ligionen als Instanzen, die den Prozeß der Rück-bindung wachhalten und fördern. Das ist der Grund, weshalb Religionen Re-ligionen sind. Krisen sind immer auch Krisen des utopischen Horizontes, das heißt des grundlegenden Vertrauens in Leben und Geschichte, ohne das niemand leben und keine Gesellschaft Bestand haben kann. Mystik artikuliert gerade dieses — erlebte und erfahrene — Urvertrauen, und das auf einer Ebene, die jeder begrifflichen Erarbeitung vorausgeht, ja diese erst ermöglicht, sie zugleich aber rundum übersteigt. Mystik kommt zum Ausdruck in fundamentalen Überzeugungen, welche Menschen beherzt ihren Weg gehen lassen und Geschichte und Gesellschaften in Bewegung bringen.

Im Augenblick erleben wir, daß sich eine neue Re-ligierung, eine neue Rück-bindung anbahnt und Menschen einen neuen Traum haben. Beides soll unserer Geschichte eine umfassende Sinngebung eröffnen. Inzwischen hat die Geschichte ja planetarische Dimensionen erlangt und bewegt sich auf einer neuen Ebene des menschlichen Bewußtseins. Wir alle gehen davon aus, daß es nur eine Menschheit und eine Erde gibt — innerhalb ein und desselben Sonnensystems, ein und derselben Galaxie, ein und desselben Kosmos.

Das Ganze ist mehr als Theorie und Lehre. Dahinter stecken Erfahrungen. Niemand in unseren Reihen erträgt mehr jene Schulmeister, die uns bloß über Gott und den Sinn des Universums belehren wollen. Was uns vorschwebt, ist eine lebendige Begegnung mit der Gottheit. Wir alle sind von dem Wunsch erfüllt, daß sich unserem Leben ein radikaler Sinn eröffnet. Wir wollen bezeugen können, daß Ijob recht hatte, als er nach den vergeblichen Diskussionen mit seinen Freunden über Gott und Gottes Gegenwart in der Welt sagte: »Vom Hörensagen nur hatte ich von dir vernommen; jetzt aber hat mein Auge dich geschaut« (42,5). Erst als Ijob, der universale Skeptiker, Gott erfahren hatte, änderte sich alles in seinem Leben.

Der vorliegende Band versammelt Vorträge, welche von den beiden Autoren auf einem Seminar zum Thema ›Mystik und Spiritualität‹ am 17. und 18. Mai 1993 in São Paulo gehalten wurden. Veranstaltet wurde das Seminar vom ›Zentrum für Volksbildung am *Institut Sedes Sapientiae*‹ (CEPIS), auf das inzwischen zahlreiche Initiativen im Dienste der sozialen Bewegungen zurückgehen, in Zusammenarbeit mit der Bewegung ›Glauben und Politik‹, zu der sich engagierte Männer und Frauen landesweit zusammengeschlossen haben, um in der Politik einen privilegierten Ort des Glaubens *und* im Glauben mit seinen Inhalten den utopischen Horizont der Politik zu erkennen.

Die Texte haben unübersehbar den Charakter der Einführung und des Fragments. Der Stil des mündlichen Vortrags haftet ihnen noch an. Die Autoren veröffentlichen sie, um einem möglichst weiten Kreis von Lesenden die Möglichkeit zu geben, ihren Weg zum je eigenen Inneren zu finden und die andere Seite der Dinge zu entdecken. Hier nämlich leuchtet der Sinn, der die Welt erfüllt, und hier erfahren wir das Geheimnis des Alls, das wir gewöhnlich Gott, Tao, Atman, Olorum oder den Namenlosen nennen und das überall zugegen ist, allem zugrunde liegt und alles rück-bindet. In Gemeinschaft mit Ihm können wir uns glücklich fühlen und wissen uns vollends verwirklicht.

Mystik und Mysterium

Leonardo Boff

Eines der charakteristischsten Merkmale der lateinamerikanischen Gesellschaften ist, daß soziale Bewegungen überall aus dem Boden sprießen. Mit ›Sozialen Bewegungen‹ werden hier Gruppen bezeichnet, die sich anläßlich konkreter, vom Staat nicht erfüllter oder von der organisierten Gesellschaft nicht anerkannter Forderungen zusammenfinden, um diese realisiert zu sehen. In der Regel geht es um ein Grundrecht, das entweder unerfüllt bleibt oder verletzt wird. Zu nennen sind etwa Bewegungen, die sich aus einer sozialen Perspektive oder aus dem Blickwinkel der Armen für das Recht auf Leben, Arbeit und Mindestbefriedigung ihrer Grundbedürfnisse einsetzen; Bewegungen von landlosen Bauern; Gruppen von Obdachlosen, Favelabewohnern, Frauen, Straßenkindern, Schwarzen und Indianern. Zu nennen sind weiter: bestimmte Kreise in manchen Parteien, die sich im Sinne eines Projektes zugunsten des kleinen Volkes für die Veränderung der Gesellschaft engagieren, Zellen in den Gewerkschaften, Abteilungen für Sozialpastoral in den Kirchen (Grund und Boden, Wohnung, Gesundheit, Mitwirkung in der Politik, Schwarze, Indianer und Arme) und schließlich allerlei Reflexions- und Aktionsgruppen.

Wer in solchen Bewegungen mitmacht, muß wirklich engagiert sein. Er — oder sie — setzt Freizeit und Schlaf daran, um sich in die Probleme einzuarbeiten, Gleichgesinnte zu finden und für die vorenthaltenen Rechte zu kämpfen. Bewegungen dieser Art gehen sowohl gegen die ungerechten Strukturen an, die aus der fehlenden Sensibilität der Regierenden gegenüber den Schichten des armen Volkes erwachsen, als auch gegen den Zynismus der Eliten, die immer einen Trick parat haben, um unruhig gewordene Gruppen zu beschwichtigen und damit ihre politische Vorherrschaft und ihre Privilegien zu sichern.

Einige Gruppen leisten den Prozessen von Unterdrückung und Verrandung seit Jahrhunderten Widerstand — wie die Schwarzen und die Landarbeiter, auch wenn ihr Organisationsgrad minimal war. Andere, voll humanitärer und freiheitlicher Ideale, brachten politisch — und zu bestimmten Zeiten sogar militärisch — mobilisierte Bewegungen auf die Beine, um die gesellschaftlich notwendigen und geschichtlich unumgänglichen Veränderungen zu forcieren. Doch alle diese Gruppen belegen nur, wie dramatisch der Kampf ist. Immer wieder mußten sie Niederlagen einstecken und mit Drohungen fertig werden, sofern ihre Unternehmungen nicht von der Repression der Polizei oder der Macht der Oligarchie zerschlagen wurden.

Aus was für einer geheimen Kraft leben alle diese Gruppen? Woraus schöpfen sie die Hoffnung, daß sie im Träumen nicht erlahmen, den Widerstand nicht aufgeben und den Wunsch nach einer menschlicheren und glücklicheren Gesellschaft für sich und ihre Kinder nicht abschreiben?

In Lateinamerika hat es nie gefehlt an Geistern, die sich inspirieren ließen von der ursprünglichen Utopie des Christentums von einem geschwisterlichen, gerechten und partizipativen Gemeinwesen, voller Zärtlichkeit gegenüber den Armen und An-den-Rand-Gedrängten und getragen von dem Bewußtsein, daß die göttliche Kindschaft eines jeden Menschen auch Konsequenzen im Sozialen haben muß. Seit Beginn der Kolonialzeit im 16. Jahrhundert traten sie deshalb für Indianer und schwarze Sklaven, für ausgebeutete Arbeiter und ausgeschlossene Habenichtse ein. Die Option der

Kirchen für die Armen übersetzt — wie ein Markenzeichen sozusagen — die befreienden Dimensionen der »subversiven« Erinnerung an Jesus von Nazaret in unsere Tage.

Andere greifen auf die emanzipatorischen Ideale der Französischen Revolution — Freiheit, Gleichheit, Brüderlichkeit — zurück und versuchen, sie in einer Gesellschaft zu verwirklichen, die auf der Negation dieser Prinzipien gründet. Mit Hilfe von Reflexionsgruppen und politischen Aktionskreisen und durch Mitwirkung in fortschrittlichen Parteien wollen sie das Projekt einer partizipativen Demokratie des kleinen Volkes verbreiten.

Für Millionen waren Sozialismus und Kommunismus ein Strom der Großzügigkeit, eine Quelle authentischer Liebe zu den Unterdrückten und eine Inspiration im Sinne revolutionärer Visionen und befreiender Handlungsmodelle — auf sämtlichen Ebenen, die ein Gemeinwesen nun mal tragen. Trotz des Zusammenbruchs des »realexistierenden« Sozialismus, der (auf der Grundlage zum Beispiel der leninistischen Konzeption der Einheitspartei) ja nur eine Form war, wie sich Gesellschaft und Staat strukturieren, sind Idee und Vorstellung des Sozialismus nach wie vor eine mobilisierende Kraft zum sozialen Engagement. Immerhin wurde der Sozialismus geboren aus einer tiefen Empörung über das Elend und aus einem politischen und revolutionären Akt zugunsten der Unterdrückten in den von sozialer Ungleichheit gebrandmarkten Gesellschaften.

Wieder andere lassen sich bewegen von einem radikalen Humanismus und von einer Ethik des Erbarmens und der Solidarität. Beides motiviert sie zu wirklich ernsthaftem Einsatz zum Schutz von Indianern und Schwarzen, von Frauen und AIDS-Kranken, von Leprosen und anderen Gruppen, die Opfer der herrschenden Gesellschaft geworden sind.

In diesem Kontext nun haben wir von einer Mystik des Engagements und des Kampfes zu sprechen, ohne Verlegenheit und ohne Scheu vor dem religiösen Anklang des Wortes. Im Gegenteil: Von Tag zu Tag wächst die Zahl derer, die sich im Horizont einer holistischen, das heißt integralen Sehweise der menschlichen Existenz begreifen. Sie möchten in sich die verschiedenen Dimensionen des Geheimnisses des Lebens und die unterschiedlichen Tiefenebenen der Frage nach dem Menschen entdecken. Dort stoßen sie auf die großen Träume und Visionen von einer neuen Welt und von wohlwollenderen und liebevolleren menschlichen und gesellschaftlichen Beziehungen, von denen unsere Phantasie voll ist und von denen sich unser Herz von Zeit zu Zeit anstecken läßt. In solch einem Zusammenhang macht es Sinn, von Spiritualität zu reden und von Gott zu sprechen, nicht im Sinne in sich selbst gedachter Größen, sondern von Bezügen, die in Konflikten und großen Entscheidungen stecken, in Fortschritt und Rückschritt, kurz: überall im Drama von Mensch und Geschichte. Zum Tragen kommt die Dimension vor allem dort, wo Menschen und Gruppen Scheitern und Niederlage erfahren und gleichwohl den Mut zu Widerstand, Protest, Risiko und Einsatz für eine wertvolle Sache nicht verlieren. Woher nehmen sie all die Energie und all den Enthusiasmus?

Wenn wir in diesem Sinn von Mystik sprechen, lenken wir weder ab von den genannten Fragen noch mystifizieren wir die Wirklichkeit, sondern wir gewahren ihre hellste Seite, das heißt die Dimension, welche die Lebensenergien über das Prinzip von Interesse, Scheitern und Erfolg hinaus speist. Spiritualität und Mystik sind Teil des Lebens in seiner Ganzheit und Heiligkeit. Mystik ist der Mutterboden für die Kraft zum Widerstand und für den unumstößlichen Willen zur Befreiung.

Was ist Mystik?

Das Wort *Mystik* ist das Adjektiv zu der griechischen Vokabel *mysterion,* die wir im Deutschen auch in der latinisierten Form *mysterium* kennen und die *Geheimnis* heißt. Darüber hinaus kann *Mysterium* vieles bedeuten und auch im abschätzigen Sinn verstanden werden. In der Umgangssprache wird das Wort *Mysterium* dann gebraucht, wenn sich eine Sache nicht erschöpfend mit dem rationalen Vermögen des Verstandes erklären läßt und mithin im Dunkeln bleibt. Oder wir sprechen von *Mysterium,* wenn es um Absichten oder Dinge geht, die einem gewöhnlich Sterblichen verborgen bleiben. Schließlich kann *Mysterium* auch das Interesse an einer Person, ihr besonderes Etwas, die Faszination, die von ihr ausgeht, bezeichnen. Im Umgangsdeutsch sagen wir üblicherweise: das *geheimnisvolle Etwas.* »Was ist das geheimnisvolle Etwas an Anna?«

Ursprünglich besitzt der griechische Begriff μυστήριον (mysterion)[1] keine theoretische Bedeutung, sondern hat mit der religiösen Erfahrung in Initiationsriten zu tun. Mittels Feiern, Gesänge, Tänze, Schauspiele und ritueller Gesten wird der Mensch in den Stand versetzt, eine Offenbarung oder eine Erleuchtung zu empfangen, die einer bestimmten geschlossenen Gruppe vorbehalten ist. Wichtig dabei ist, daß das Mysterium an dieses umfassende Erlebnis bzw. an diese umfassende Erfahrung gebunden ist.

Der entscheidende Punkt ist nicht, eine Katechese oder eine schwerverständliche Lehre zu bekommen oder über eine bestimmte geheime Sicht der Dinge unterrichtet zu werden. Der entscheidende Punkt ist die

[1] Mysterion kommt von μύειν (myein), das soviel heißt wie: (die Augen) schließen (und den verborgenen Sinn einer Sache oder eines Anliegens erkennen).

gemeinsame religiöse Erfahrung. Dieses Erfahrungsgeschehen nun nannte man Mysterium, um zum Ausdruck zu bringen, daß es sich um eine Mitteilung an eine Gruppe handelt, die sich dazu bereit findet, und nicht an irgendeine Person, die neugierig dabeisteht.

Erst später wurde aus philosophischem — schon von der Erfahrung absehendem — Interesse das Wort zur Bezeichnung für die übergemeinschaftliche, das heißt rationale Seite einer Lehre oder Offenbarung. So ist fortan die Rede von den christlichen Geheimnissen der Dreifaltigkeit, der Inkarnation, der Gnade usw. Nur, hier sind wir schon voll in der theologischen Reflexion und nicht mehr auf der Ebene der mystischen Erfahrung — was wiederum nicht heißt, daß die ›Geheimnisse‹ für die betroffenen Personen keine echte mystische Erfahrung mehr beinhalteten oder ermöglichten.

Im folgenden möchten wir einige positive Bedeutungsvarianten von *Mysterium* und *Mystik* bedenken, die uns helfen können, die Kraft des streitbaren Engagements zu verstehen. Dabei halten wir uns an eine Logik, die dem heutigen Verständnis entspricht, selbst wenn wir uns damit vom ursprünglichen Sinn der Wörter entfernen, wie er in der Vergangenheit gegolten hat.

Anthropologisch-existentielle Bedeutung von Mysterium und Mystik

Mysterium — Geheimnis — ist etwas anderes als Rätsel. Ist ein Rätsel einmal gelöst, hat es aufgehört zu existieren. Mit Mysterium dagegen bezeichnen wir die Tiefendimension, die jeder Mensch und jedes Ding wie auch die Gesamtheit der Dinge in sich tragen und die den Charakter von etwas absolut Unentzifferbarem hat.

So gründlich wir ein konkretes — auch noch so materielles — Etwas, ob aus der unendlich kleinen, ob aus der unendlich großen Welt, auch zu kennen meinen, immer müssen wir feststellen, daß es doch noch Seiten gibt, die wir noch nicht betrachtet, und Perspektiven, die wir noch nicht erfaßt haben. Stehen wir also vor dem unendlich Komplexen — das heißt vor der menschlichen Person, ob Mann, ob Frau —, werden wir uns klar bewußt, was existentiell, auf der Ebene der Erfahrung, ein Geheimnis und was die Haltung dem Geheimnis gegenüber, eben was Mystik ist.

Jeder Mensch ist ein Geheimnis. Einen Menschen kann man kennenlernen, indem man längere Zeit mit ihm zusammenlebt, sich ihm in Liebe und Innigkeit nähert, ihn wissenschaftlich untersucht oder die diesbezüglichen Traditionen der Menschheit befragt. Aber auch so läßt sich nicht entziffern und definieren, wer Maristella, Márcia, Jóse Américo, Fernando oder wer auch immer ist. Der Mensch bleibt für sich selbst wie für die anderen immer ein herausforderndes Geheimnis. Wir wissen nur, was jemand bei freiem Zusammentreffen mit uns im Laufe des Lebens von sich preisgibt, was er äußerlich zeigt und was wir mit den unterschiedlichen Wahrnehmungsmöglichkeiten, die wir so entwickelt haben, von ihm zu erfassen imstande sind. So sehr wir uns auch bemühen, immer bleibt unser Gegenüber jungfräuliches Land, offen für neue Annäherungen. Jeder Mensch ist ein lebendiges personales Geheimnis.

Geheimnis ist also kein Gegensatz zu Wissen. Daß etwas ein Geheimnis ist, erfordert, daß man von ihm weiß. Aber es gehört auch zum Geheimnis, daß es — bei allem Bekanntsein — Geheimnis bleibt. Hier liegt das Paradoxon des Geheimnisses. Geheimnis ist keine Grenze für den Verstand. Im Gegenteil. Geheimnis ist die grenzenlose Weite des Verstandes. Wie genau wir eine Sache auch kennen, unsere Fähigkeit, sie noch besser kennenzulernen, ist nie erschöpft. Wir können sie immer noch gründlicher kennenlernen, und das immer so weiter.

Wenn dem aber so ist, dürfen wir unser modernes, wissenschaftlich-experimentelles, technisches Paradigma nicht verabsolutieren. Es eröffnet nicht alle Dimensionen der Wirklichkeit, sondern eben nur die, die sich im experimentellen Dialog mit der Natur erfassen lassen. Aber auch dieser Dialog kommt nie an ein Ende. Darüber hinaus läßt sich das Gespräch in vielen Formen führen. Die verschiedenen Kulturen haben im Laufe der sich abwechselnden Epochen tausend Formen entwickelt, die Dinge zu erkennen, ob durch Traum oder Intuition, ob durch Mythen oder Symbole, ob durch Religion oder Philosophie.

Was wir Realität nennen, erweist sich als unermeßlich größer als das, was wir mit dem Verstand und mit dem Willen zur intellektuellen Handhabung in den Griff bekommen können. Der Mensch ist a fortiori mehr als das Gesamt aller Verstehenssysteme oder Formen gesellschaftlichen Zusammenlebens. So fremdartig, ja so furchterregend die Menschen auch sind, immer erleben wir sie als Geheimnis, das uns allerdings unter ausgesprochen doppeldeutigen Formen entgegentreten kann. Einerseits kann es voller Zärtlichkeit sein, voll des Willens zu Gemeinschaft und Kommunikation und voll des Wunsches, anzunehmen und angenommen zu werden. Andererseits kann es aber auch zerstören und ausgrenzen, ja sich gegenüber den Mitmenschen als Wolf gebärden, so verhängnisvoll und niederschmetternd kann es sein.

Das Organ, mit dem wir das Geheimnis erfassen, ist das Herz bzw. das, was Pascal *esprit de finesse — Geist des Feinsinns* nennt. Dabei geht es um eine Einstellung grundsätzlicher Sympathie, um eine fundamentale Fähigkeit, die anderen in ihrer konkreten Befindlichkeit (Herz) wahrzunehmen. Dank dem Geist des Feinsinns entdecken wir, daß wir verletzlich sind. Die anderen machen uns betroffen, wie wir auch selbst die anderen betroffen machen können, wenn wir Berechnung, Interesse und Machtwillen *(esprit de géometrie — Geist der Geometrie)* darangeben.

Dies ist ein existentielles Verständnis, das jeder Mensch erlebt. Auch Gelehrte wie u. a. Niels Bohr, Werner Heisenberg, Max Planck, David Bohm und Albert Einstein belegen die Erfahrung des Geheimnisses. So schrieb Einstein schon 1934 in seiner Abhandlung ›Wie ich die Welt sehe‹: »Das Schönste, was wir erleben können, ist das Geheimnisvolle. Es ist das Grundgefühl, das an der Wiege von wahrer Kunst und Wissenschaft steht. Wer es nicht kennt und sich nicht mehr wundern, nicht mehr staunen kann, der ist sozusagen tot und sein Auge erloschen. Das Erlebnis des Geheimnisvollen — wenn auch mit Furcht gemischt — hat auch die Religion gezeugt.«[2]

Einstein hält die Wahrnehmung des Geheimnisses für eine grundlegende Voraussetzung dafür, daß jemand ein schöpferischer Wissenschaftler sein könne, weil sie ihn sensibel mache für jene Dimension, die sich in wissenschaftliche Formeln nicht einfangen lassen, und weil sie ihm die Demut bewahre, das Lernen nicht einzustellen. Mehr als einmal sagt er: Ich »behaupte . . ., daß die kosmische Religiosität die stärkste und edelste Triebfeder der wissenschaftlichen Forschung ist . . . Wer die wissenschaftliche Forschung in der Hauptsache nur aus ihren praktischen Auswirkungen kennt, kommt leicht zu einer ganz unzutreffenden Auffassung vom Geisteszu-

2 *Einstein, A.*, Wie ich die Welt sehe, in: ders., Mein Weltbild (neue vom Verfasser durchgesehene und wesentlich erweiterte Auflage. Erstdruck 1934 in Amsterdam), Zürich–Stuttgart–Wien 1953, 10.

stand der [betreffenden] Männer . . . Es ist die kosmische Religiosität, die solche Kräfte spendet.«[3]

Hier geht es nicht um eine Lehre oder Ideologie, sondern um eine Erfahrung, die bis an die Wurzel der — für die analytische Vernunft unergründlichen — Wirklichkeit reicht. Die Einstellung, die daraus erwächst, ist Ehrfurcht, Verzauberung und Demut gegenüber den Dingen. Und gerade diese Haltung angesichts des Geheimnisses heißt, wenn sie entsprechend tief gelebt wird, Mystik.

Religiöse Bedeutung von Mysterium und Mystik

Nun kommt es vor, daß wir die Erfahrung des Geheimnisses personalisieren. Dann haben wir das Gefühl, von dem Geheimnis sozusagen bewohnt und zum Dialog mit ihm, ja zum Gebet zu ihm eingeladen zu sein. Im Angesicht seiner Heiligkeit können wir nur noch auf die Knie fallen. So entstehen Religionen. Jede Religion wird geboren aus der Erfahrung des Geheimnisvollen.

Ein Mensch, der des Geheimnisses inne wird, ist ein Mystiker. Doch nicht nur in der Ekstase wird er des Geheimnisses inne, sondern auch in der täglichen Erfahrung, daß ihn die sakrale Weihe der Dinge und des Lebens ehrfürchtig stimmt. Wer gerät nicht außer sich in Anbetracht eines Kindes, das gerade geboren wird? Wer wird nicht von Hochachtung erfüllt in Anbetracht eines zerfurchten, geschundenen Antlitzes eines Ureinwohners auf dem bolivianischen Hochland? Wer verstummt nicht in Anbetracht der schwieligen, unförmig gewordenen Füße eines Landarbeiters im brasilianischen

3 *Einstein, A.*, Mein Weltbild, 21.

Nordosten, der sich auf dem ausgedörrten Feld von Sonnenaufgang bis Sonnenuntergang abmüht? Überall atmet hier eine Sakralität, die für sich selbst spricht.

Mystik ist also kein Vorrecht für ein paar Selige. Mystik ist eine Dimension des menschlichen Lebens, die allen zugänglich ist, sofern sie nur auf eine tiefere Ebene in sich selbst hinabsteigen und ein Fühlen entwickeln für den Reichtum des anderen wie für die Großartigkeit, Komplexität und Harmonie des Weltalls. In gewisser Weise sind wir mithin alle Mystiker.

Mystiker geben dem Geheimnis Namen. So kühn sind sie, auch wenn das Geheimnis eigentlich unbenennbar ist. Dennoch: Gott, Atman, Tao, Jahwe, El, Vater usw. nennen sie es. Aber der Name ist unwichtig. Dieser ist immer nur ein Etikett für den Namenlosen. Aus der Erfahrung, das Unbenennbare zu benennen, schrieb dreihundert Jahre vor Christus der chinesische Denker Chuang-tzu: »Tao ist ein Name, nur ein Hinweis, keine Definition. Tao ist jenseits von Wörtern und Dingen. Weder Wörter noch Schweigen können es zum Ausdruck bringen. Wo Wörter und Schweigen enden, da nehmen wir Tao wahr.«[4]

Am Anfang steht die Erfahrung des Geheimnisses, die Erfahrung Gottes. Der Glaube kommt erst danach. Der Glaube ist zunächst keine Zustimmung zu einer Lehre, so viel Offenbarung auch dahinterstehen und so übernatürlich sie auch sein mag. Wo er es dennoch ist, nimmt der ›Glaube‹ Züge von Ideologie an, das heißt: Züge einer Idee oder Überzeugung, die den Menschen von außen eingetrichtert wurde. Gerade wegen dieser Beeinflussung von außen kann es denn zu Fundamentalismus und zu Glaubenskriegen kommen. Die eine Gruppe vertritt dann ihre Wahrheit, indem sie die andere ausschließt.

4 *Chuang-tzu,* A vida de Chuang-Tzu, Petrópolis 1984, 193.

Der Glaube hat nur dann Sinn und ist nur dann wahr, wenn er eine Antwort bedeutet auf die Gotteserfahrung, die jemand persönlich oder in Gemeinschaft macht. Dann ist er in der Tat Ausdruck einer Begegnung mit Gott, die die ganze Existenz des Menschen betrifft: Gefühl und Herz, Verstand und Wille. Die Orte und Zeiten dieser Begegnung werden zu Sakramenten, zu Bezugspunkten, an denen der Mensch das Übermaß einer unvergeßlichen Sinnfülle erfährt. Jakob nannte den Ort, an dem er Gott begegnet war, *Penuël* [das heißt: Gottesgesicht] und sagte: Hier habe ich Gott von Angesicht zu Angesicht gesehen (Gen 32,31). Aus solchen Erfahrungen heraus bilden sich dann die verschiedenen Theologien. Diese stellen das Bemühen dar, die begründende Erfahrung auf die Ebene der Vernunft (Lehre), der Praxis (Ethik) und der Feier (Liturgie) zu übersetzen. Dabei steht hinter den Gott zugeschriebenen Namen eine grundlegende Erfahrung. So bedeutet ›Jahwe‹ den Gott, der sein Volk begleitet und in dessen Leben stets gegenwärtig ist, wie ›Elohim‹ den Gott bezeichnet, der einem auf dem Weg leuchtet und die Existenz erhellt.

Die gegenwärtige Krise der traditionellen Kirchen und Religionen besteht darin, daß sie, so leidvoll es klingt, keine hinreichend tiefe Gotteserfahrung mehr machen. Statt dessen haben sie sich mit Hierarchien, kreuzritterhaften Missionaren und Lehrmeistern, kurz: mit religiöser Macht, umgeben. Doch der geht es weniger um die Wahrheit Gottes als vielmehr um die Stabilität des Systems. Was religiöse Macht am meisten fürchtet, ist der Mystiker, will sagen: der Gläubige, der bezeugt, daß er Gott erfahren hat, und in seinem Namen, ohne irgend jemanden um Erlaubnis dazu gebeten zu haben, eine neue Sprache spricht und neue Verhaltensmuster einführt.

Religionen sind nachträgliche Kristallisationen mystischer Erfahrung. Ihre Einrichtungen sind soweit legitim, als sie dieses Erlebnis weitergeben und sich als fähig erweisen, die Erfahrung in den Menschen anklingen zu lassen, so daß aus ihnen dann religiöse Menschen werden.

Wirklich religiöse Menschen haben weniger ein priesterliches Wissen als ein mystisches Wissen von Gott, das heißt: ein erfahrenes Wissen auf der Grundlage von Begegnungen mit dem Göttlichen. Aus der Dynamik dieser Begegnung erfüllen sie die religiösen Institutionen mit neuem Leben, bewahren sich ihre Begeisterung und schöpfen Kraft zum Kampf und zur Hoffnung auf gerechtere Tage, mitunter auch den institutionellen Kirchen und Religionen zum Trotz.

Christliche Bedeutung von Mysterium und Mystik

Das Judenchristentum erkennt das Geheimnis wie auch Gott in der Geschichte des Volkes, insbesondere in der Geschichte der Unterdrückten. Deshalb bekennt es sich zu einem geschichtsbezogenen Gott, zum Gott Abrahams, Isaaks und Jakobs, der Propheten und Jesu von Nazaret. Der Gott der Geschichte erweist sich als ein ethischer Gott. Deshalb ist biblische Mystik eine Mystik der offenen Augen und der zufassenden Hände. Ein frommer Diener des geschichtsbezogenen Gottes ist, wer sich für Gerechtigkeit einsetzt, Partei ergreift für die Schwachen und mutig den Finger legt auf eine Religion des baren ›Großer Gott, wir loben dich‹ ohne die Vermittlung der Nächstenliebe.

Israel erfährt Gott in seinem Kampf gegen die Unterdrückung zuerst in Ägypten und dann in Babylon. Von diesem Gott heißt es, er habe das Schreien der Unterdrückten gehört, er sei aus seinem unzugänglichen Licht herausgetreten und herabgestiegen, um denen, die Opfer von Ungerechtigkeit geworden seien, an die Seite zu treten (vgl. Ex 3). Wer sich im Stich gelassen fühlt, Waise ist oder keine feste Bleibe hat, soll wissen, daß seine Rechte die Rechte Gottes sind (vgl. Dtn 10,18; Jer 22,16; Spr 22,22–23); denn weil er verlassen ist und niemanden hat, der ihm beistünde, steht Gott ihm selbst bei. Deshalb heißt es: Wer den Geringsten bedrückt, schmäht dessen Schöpfer; ihn ehrt, wer Erbarmen hat mit dem Bedürftigen (Spr 14,31). Das Werk des Messias wirkt befreiend, weil er den Schutzlosen Gerechtigkeit schafft und die neue Ordnung des Friedens und der Geschwisterlichkeit nach dem Maß der Letzten bringen will (vgl. Jes 11,4–9; 42,1–4).

Neben der Mystik des ethischen Engagements — die darin begründet ist, daß Gott sich in der gerechten Tat und in der liebevollen Zuwendung zu den anderen verbirgt — gibt es auch eine Mystik der Kontemplation. Das ganze Weltall ist Gottes Werk. Wir Menschen, Frauen wie Männer, sind in unserem Sein und Tun Statthalter, Stellvertreter Gottes. In allem können wir sozusagen das Markenzeichen Gottes entdecken, das er den Geschöpfen insgesamt wie auch unserer geistigen und körperlichen Wirklichkeit als Menschen eingeprägt hat. Daß das Werk der Schöpfung und das Werk unserer Hände nach Gott schmecken, bringt unsere Seele in Schwingung und Begeisterung, läßt sie Gott loben und rühmen.

Die Griechische Bibel[5] zieht die Linie der Gotteserfahrung in der Geschichte aus und radikalisiert sie. Behauptet sie doch, Gott sei rückhaltlos in die Wirklichkeit des Menschen eingegangen, indem er — in dem Ju-

[5] Die christlich-jüdische Ökumene veranlaßt uns, die traditionellerweise ›Neues Testament‹ genannten Bücher der Bibel als ›Griechische Bibel‹ zu bezeichnen. Dementsprechend bevorzugen wir statt des gängigen Terminus ›Altes Testament‹ auch das Pendant ›Hebräische Bibel‹. Auch die Begrifflichkeit ›Erstes und Zweites Testament‹ empfiehlt sich.

den Jesus von Nazaret — Mensch geworden sei. Fortan ist der Ort, an dem wir Gott begegnen, vor allem das Leben der Menschen und da noch einmal vorzugsweise der Gekreuzigten. Der Gott Jesu hat sich nicht inkarniert in der Gestalt des Kaisers auf seinem Thron noch des Hohenpriesters an seinem Altar noch des Gelehrten auf seinem Lehrstuhl, sondern in der Gestalt der Unterdrückten und Ausgestoßenen, deren Leben außerhalb der Stadt am Kreuz endet. Das transzendente Geheimnis, das Mensch geworden ist, hängt am Kreuz, schreit vom Kreuz herab nach Leben und will in neues Leben hinein auferstehen.

Die Auferweckung des gekreuzigten Jesus will sagen, daß Gerechtigkeit und Leben wieder den Primat haben, will verkünden, daß die Erhebung gegen die Ordnung dieser Welt sakralen Charakter hat, und will schließlich zeigen, daß allen ungerecht Bestraften die Zusage gilt, sie würden die Fülle des Lebens erben, das heißt: auch auferweckt werden. Denn Jesus hat sich ja zu einem von ihnen gemacht. Jesu glückliches Ende ist allen zugesagt, die ein ähnliches Schicksal haben wie er.

Christliche Mystik hat einen Bezug zur Geschichte. Sie orientiert sich am historischen Jesus und besteht in der Nachfolge Jesu. Dann aber beinhaltet christliche Mystik engagierte Solidarität mit den Armen, weil auch Jesus sich ja zu den Armen gezählt und sich für die Randexistenzen auf den Straßen des Lebens und auf den Plätzen der Städte persönlich entschieden hat. Christliche Mystik beinhaltet ein Ringen um Veränderung, wie sie in der Utopie Jesu vom Reich Gottes steckt; und das beginnt damit, daß den Armen und — von dort aus — auch allen Menschen und der ganzen Schöpfung Gerechtigkeit widerfährt.

Doch Nachfolge im Sinn der neuen Ordnung, die Jesus verkündet, bringt Konflikte mit sich. Einige Leute fühlen sich aufgrund seines Vorhabens in ihren Interessen geschädigt und reagieren mit dem Griff zu symbolischer oder gar physischer Gewalt. So bringt die Nachfolge Jesu womöglich Verfolgung, wenn nicht den Märtyrertod mit sich. Doch das alles nehmen die Anhänger und Anhängerinnen des Mannes von Nazaret heiter auf sich, als Preis für die Solidarität mit den Leidenden und mit dem leidenden Knecht Jesus. Christinnen und Christen erkennen im Leiden der Armen und Verrandeten die Gegenwart und die Vergegenwärtigung des Leidens Jesu, der im Fleisch und im Schrei seiner Brüder und Schwestern noch immer mit dem Tode kämpft. Aber in den Errungenschaften im Sinn von mehr Gerechtigkeit und mehr Leben erkennen sie auch Zeichen dafür, daß in der Geschichte Auferweckung geschieht.

Darüber hinaus kennt die Griechische Bibel noch einen weiteren Strang von Mystik: eine Mystik, die klar kontemplativ ist. Danach haben sowohl der menschgewordene Sohn als auch der Geist mit dem Geheimnis der Schöpfung zu tun. Beide sind in der Schöpfung am Werk und treiben sie in einem aufsteigenden Prozeß auf das Reich der Dreifaltigkeit hin. Sie rekapitulieren in sich und im Menschen sozusagen das Universum und bringen es in die richtige Richtung, damit alles zu einer seligen Synthese zusammenfindet. Auch das Weltall wird teilhaben an der Auferweckung allen Fleisches. Deshalb gibt es eine Zukunft für Sterne und Gebirge, für Pflanzen, Tiere und Völker. Der Glaube sagt, *daß* dem so sein wird; aber *wie* es geschehen wird, das läßt er im dunklen Horizont unvorhersagbarer Überraschungen, der weiter ist als dieses Leben.

Wenn die Mystik der Nachfolge geschichtsbezogen ist und mit offenen Händen dasteht, um etwas zu tun, dann steht die Christus- und Geistesmystik mit offenen Augen da und ist kosmisch. Ihr geht es — bei allen Unterschieden — um die Einheit, insofern ein göttlicher Faden das Weltall, das Bewußtsein und das Handeln des

Menschen durchzieht, um alles nach vorn und nach oben zu einen, im Blick auf die höchste Synthese mit Gott, dem Omega der Evolution und der Schöpfung. Solche Mystik der Einheit und der Gemeinschaft wird belegt durch einen starken Strang von Spiritualität, der — angefangen mit den griechischen Kirchenvätern (Gregor von Nyssa und Gregor von Nazianz) — über die plantonisch-augustinische Tradition und Bonaventura mit seinem *Itinerarium mentis in Deum — Pilgerbuch der Seele zu Gott*[6] — bei Johannes vom Kreuz *(Aufstieg zum Berge Karmel*[7]*)* und Theresia von Avila *(Die innere Burg*[8]*)* zu seinem Höhepunkt findet und dann noch einmal aufglüht in den mystischen Texten *Le milieu divin — Das göttliche Milieu*[9] und *Science et Christ — Wissenschaft und Christus*[10] eines Pierre Teilhard de Chardin.

Schließlich entdeckt die Kraft christlicher Mystik noch ein weiteres Gottesbild, das der Gemeinschaft der Dreifaltigkeit. Gott ist nicht Einsamkeit, sondern Gemeinschaft in drei göttlichen Gestalten, im Vater, im Sohn und im Geist. Ohne jede Hierarchie untereinander koexistieren und leben sie ewig zusammen. Daß sie verschieden sind, ermöglicht es ihnen, sich einander zu schenken und Gemeinschaft zu sein. Das gegenseitige Miteinander und Ineinander (*Perichorese,* sagen die Theologen) von Leben und Liebe ist so tief und so radikal, daß sie eins sind und einen einzigen Gott bilden.

Demzufolge ist die Dreieinigkeit weder ein absurdes Geheimnis noch ein mathematischer Widerspruch. Sie

[6] *Bonaventura,* Pilgerbuch der Seele zu Gott, München 1961.

[7] *Johannes vom Kreuz,* Aufstieg zum Berge Karmel, München [7]1983.

[8] *Theresia von Avila,* Die innere Burg (hrsg. von Fritz Vogelsang), Zürich 1979.

[9] *Teilhard de Chardin, P.,* Das göttliche Milieu, Olten-Freiburg i. B. [10]1985; frühere Auflagen: Olten-Freiburg i. B. ab 1962: Der göttliche Bereich.

[10] *Teilhard de Chardin, P.,* Wissenschaft und Christus, Olten-Freiburg i. B. 1970.

ist der höchste Ausdruck der Erfahrung, die wir alle von menschlicher Liebe und Gemeinschaft machen. In der Liebe kommt es darauf an, daß wir zum einen unterschiedlich bleiben und uns nicht als Individuen aufgeben, daß wir uns zum anderen aber so einander schenken, daß daraus eine ganz große Einheit wird. Mit dem Gegenüber des Ichs (Vater) und des Dus (Sohn) ist es nicht getan; das wäre so etwas wie Narzismus zu zweit. Entscheidend ist, daß sich das Ich und das Du in einem Wir (Heiliger Geist) begegnen, in einem Dritten sozusagen, der die Isolierung der beiden einzelnen aufbricht. So ist die Dialektik perfekt; haben wir doch nicht bloß zwei Größen, sondern drei, die sich zwar voneinander unterscheiden, dennoch aber mit- und ineinander sind.

Das Geheimnis der Gemeinschaft im dreifaltigen Gott haben die ersten christlichen Denker nicht spekulativ konstruiert. In einer beinahe naiven Annäherung, die jeder Reflexion vorausgeht, brachten die Jünger und Jüngerinnen Jesu vielmehr ihre Erfahrung mit der historischen Gestalt des Mannes von Nazaret zum Ausdruck. Dieser verstand sich schlicht als der Sohn und bezog sich auf Gott wie auf seinen Vater. Zugleich strahlte er so viel Charisma, Anziehungs- und Überzeugungskraft aus, daß sie sagten: ›Er ist vom Geist bewohnt. An ihm entdecken wir, daß das Geheimnis Vater bzw. Mutter, Sohn bzw. Tochter und Geist ist‹. Um diese totalisierende Erfahrung zum Ausdruck zu bringen, schufen christliche Denker in der Folge den Begriff ›Trinität‹[11]. Das Wort ›Dreifaltigkeit‹ bzw. ›Dreieinigkeit‹ soll sagen: Hinter allen Dingen wie hinter jedem einzel-

11 Anm. des Übersetzers: Der lateinische Begriff ›Trinitas — Trinität‹ wird im Deutschen unterschiedlich wiedergegeben. Fachtheologen sprechen gelegentlich von ›Dreipersönlichkeit‹. Im Katholizismus dürfte ›Dreifaltigkeit‹ die gängige Form sein. Dem gemeinten Inhalt nach ist jedoch die Übersetzung, die im Protestantismus üblich zu sein scheint, die treffendste Form: ›Dreieinigkeit‹.

nen Wesen, in jedem Leben wie in der Kraft jeder Leidenschaft stecken eine Liebe und drei Sich-Liebende, eine Gemeinschaft und drei aufeinander bezogene Träger. Gott wird nicht multipliziert. Es geht nur um die Entdeckung, daß das göttliche Geheimnis Gemeinschaft und Beziehung ist.

So mittelmäßig unsere Institutionen und so faul die meisten ihrer Anhänger geistig auch sind, so eindeutig ist die jüdisch-christliche Mystik doch eine politisch-befreiende-kontemplative Mystik. Sie nimmt die Welt nicht einfach hin, wie sie ist, sondern will sie verändern und neu bauen, auf den Fundamenten von Teilen, Solidarität und Geschwisterlichkeit, von Arbeit, Muße und Ehrfurcht vor dem Geheimnis der Schöpfung. Wer sich für dieses Anliegen einsetzt, kann sich im Dienste Gottes in der Geschichte und als Arbeiter bzw. Arbeiterin im Sinn seiner Politik in der Welt wissen. Dieser Mensch trägt dazu bei, daß Gottes Reich einen Schritt näherkommt. Denn das Reich wird ja überall dort Wirklichkeit, wo aus der Sicht der Letzten die Gerechtigkeit zum Zuge kommt, wo die Menschen besser zusammenarbeiten, wo sie den Geist der Rache begraben, wo die Liebe zur Tat wird und man tanzt und singt, bis alles durch Gott und in Gott zur höchsten Einheit gelangt.

Gesellschaftspolitische Bedeutung der Mystik

Schließlich messen auch Sozial- und Politikwissenschaftler der Mystik Gewicht bei. Wir denken da an Max Weber, Pierre Bourdieu und andere, welche Politik als Beruf und Kunst verstehen und die Bedeutung charismatischer Gestalten bei der Veränderung der Gesellschaft untersuchen. Mystik heißt demnach das Gesamt von Grundüberzeugungen, Gesamtvisionen und impulsgebenden Leidenschaften, welche Menschen und Bewegungen mobilisieren und motivieren, die Dinge zu verändern, sie zu Taten inspirieren und ihnen die Kraft zum Kampf gegen Schwierigkeiten geben und angesichts geschichtlicher Niederlagen noch die Hoffnung erhalten.

In der politisch-sozialen Mystik ist immer Utopie am Werk, das heißt jene Fähigkeit des Menschen, gestützt auf die Möglichkeiten des Gegebenen, neue Träume, alternative Modelle und andere Projekte in der Geschichte zu entwerfen. Im allgemeinen sind Gruppen von Unterdrückten die Träger neuer Visionen, Menschen also, die — obgleich an nichts anderes als an Niederlagen gewöhnt — nie aufgeben, sondern entschieden Widerstand leisten und immer wieder neu den Kampf aufnehmen. Was sie bewegt, sind Träume von etwas Neuem. Insoweit entfatalisieren sie die Geschichte und lassen die ungerechte, von unterdrückerischen Kräften aufgezwungene und zementierte Situation nicht als Diktat der Geschichte gelten.

Solange es Visionäre gibt, wird die Gesellschaft in Bewegung bleiben. Immer wird es Gegenmächte geben, die der herrschenden Macht entgegentreten, immer Kreise von Subversiven, immer Kampfesfahnen der Befreiung und immer auch Verbindungen und Bündnisse, die die Umwälzung der Gesellschaft vorantreiben. In alledem steckt eine Mystik, die sich weigert, die vorfindliche Situation hinzunehmen, eine Mystik also, die Energien für die Entwicklung einer besseren Zukunft freisetzt.

Selbstverständlich übersetzt die Praxis nie die Utopie als ganze in die Geschichte (die vermeintliche Utopie wäre dann überhaupt keine Utopie gewesen). Utopie setzt vielmehr immer wieder neue Energien frei und schafft Veränderungen, die in die Nähe der Utopie kommen; gleichzeitig macht sie es aber auch möglich, jede Errungenschaft zu relativieren, damit die Geschichte nicht reaktionär erstarrt, sondern sich stets offenhält für neue Fortschritte und neue Annäherungen an die Utopie.

Mystik ist folglich der geheime Motor allen Engagements; die Begeisterung, die allen Kämpfenden immer wieder Mut macht; das innere Feuer, das die Menschen im Einerlei der täglichen Aufgaben leben läßt; der lange Atem, der ihnen trotz Irrtum und Rückschlag Souveränität und Heiterkeit bewahrt. Mystik läßt uns eher eine Niederlage in Ehren ertragen als einen Sieg mit Schande wollen, wenn dahinter Verrat an ethischen Werten, Manipulation und Lüge stecken.

Mystik und Engagement

Engagement und Ganzeinsatz erfordern Leidenschaft und Mystik, wobei die Frage nach der Art des Anliegens — ob religiös, ob humanitär, ob politisch — nicht entscheidend ist. Wer kämpft, lebt in einer Welt höchster Werte, für die es lohnt, Zeit aufzuwenden, Gefahren zu trotzen und selbst das Leben einzusetzen. Es geht nicht darum, Ideen zu haben, sondern aus Überzeugungen zu leben. Überzeugungen verändern Praxis und soziale Beziehungen.

Ideen allein machen die konkrete Wirklichkeit nicht anders. Auch Geschichte geschieht nicht von allein. Geschichte wird fortgeschrieben, reformiert oder umgekrempelt in dem Maße, in dem sich soziale Akteure in ihr engagieren und, in die eine oder andere Richtung, für ein Anliegen kämpfen. Von dorther ist Mystik, in dieser oder jener Form, etwas Wichtiges, weil sie soziale Bewegungen zusammenschweißt.

Als Beispiel für die Verbindung zwischen Mystik und Kampf mögen die zahlreichen Zentren zum Schutz und zur Förderung der Menschenrechte in Lateinamerika dienen, die wegen des strukturellen Charakters der Unterdrückung inzwischen etwas ganz Wesentliches geworden sind. Alle diese Zentren leben aus der unerschütterlichen Überzeugung von der Würde eines jeden Menschen, unabhängig davon, ob dieser näher bestimmt ist als Unternehmer oder Arbeiter, als diskriminierter Schwarzer oder tyrannischer Weißer, als unterdrückte Frau oder machistischer Mann, als Bankräuber oder Bankier.

Jeder Mensch, ob Mann oder Frau, ob Jugendlicher oder Erwachsener, besitzt unveräußerliche Rechte. Jeder Mensch kann und muß, im Maß seiner Partizipation, am Aufbau seines persönlichen und kollektiven Schicksals mitwirken. In diesem Punkt zeigt sich das Wesen der menschlichen Natur, die in Freiheit und Kreativität besteht.

Wenn Freiheit verweigert oder schöpferische Kraft verhindert wird, wo doch der Mensch eigentlich in der Gesellschaft mitmachen und Initiativen im privaten oder öffentlichen Bereich ergreifen will, wird er böse frustriert. Freiheit und Kreativität lassen sich durch nichts ersetzen, weder durch materiellen Wohlstand noch durch ein Überangebot an kulturellen Gütern noch durch Verheißungen bezüglich des ewigen Lebens. Lieber verzichtet der Mensch auf Brot als auf Freiheit. Brot, das jemand in hingenommener Unterdrückung ißt, schmeckt bitter und rührt an die Ehre.

Streitbares Engagement, gespeist aus Leidenschaft und Mystik, gewinnt an Kraft, wenn es in direktem Kontakt steht mit den Opfern der Menschenrechtsverletzungen. Dann erweist sich klar, daß Kämpfen viel mehr mit konkreten Menschen als mit Ideen und Idealen zu tun hat. Aus ihren zerfetzten Lebensgeschichten und von Leid zerfurchten Gesichtern sprechen eine verborgene Würde und eine geheime, ermutigende Kraft.

Was der Glaube uns sagt, sehen wir hier bestätigt. Die Gedemütigten und Verletzten tragen in der Tat das Los des leidenden Gottesknechtes Jesus Christus weiter: Wie der Gekreuzigte schreien auch sie, auch sie wollen leben und auferstehen. In den kleinen Fortschritten, die sie mit Hilfe ihrer Bewegungen und Verbindungen erringen, kündigen sich Zeichen der Auferstehung an. Und Auferstehung ist in der Geschichte immer dann in Gang, wenn Leben in Gerechtigkeit über mindergewichtige Interessen den Sieg erringt.

Zusammenfassend können wir also sagen: Mystik ist nichts anderes als das Leben in seiner ganzen Radikalität und letzten Dichte. Wer sie bewußt pflegt, verleiht seinem Leben einen Sinn für Schwere, Leichte und Tiefe. Mystik befähigt uns, zu vermuten, daß hinter den Strukturen des Realen nicht das Absurde und der Abgrund mit ihren Schrecken lauern, sondern daß dort Zärtlichkeit, Zuwendung und das liebevolle Geheimnis herrschen. Dieses teilt sich uns mit als Freude am Leben, als Sinn für Arbeit und als wohltuender Traum von einem Weltall, in dem sich Dinge und Menschen als Brüder und Schwestern die Hände reichen und ihr Herz verankert wissen im Herzen Gottes, der Vater und Mutter voll unendlicher Güte ist.

Krise der Rationalität und Aufbrechen des Spirituellen

Frei Betto

Über alle nationalen Grenzen hinweg stoßen wir in letzter Zeit mehr und mehr auf Phänomene des Mystischen. Was Brasilien angeht, waren auf den letzten Buchbiennalen in Rio de Janeiro und São Paulo — abgesehen von den Erfolgstiteln eines Paulo Coelho — neben Kinderbüchern Veröffentlichungen esoterischen, einschließlich spirituellen Inhalts, die großen Renner.

Spiritualität ist eine mystische oder mysterische — das heißt: aus dem Geheimnis resultierende — Erfahrung, die in unserem Leben normative Kraft gewinnt. Mystik ist eine grundlegende Erfahrung des Menschen, seit er auf der Erde existiert. Allerdings gibt es verschiedene Arten von Spiritualität und verschiedene Formen, sie zu erleben. In der christlichen Tradition sind deutlich unterschiedlich akzentuiert die benediktinische, die dominikanische, die jesuitische und die franziskanische Spiritualität.

Was sind die Gründe dafür, daß Mystik und Spiritualität heute allenthalben auf den Plan treten?

Der erste Grund ist die Krise der modernen Rationalität, will sagen: der Art und Weise, wie wir die Welt verstehen, insofern hierin deutlich abhängig sind von der Philosophie eines Descartes und der Physik eines Newton. Die Dinge lassen sich nicht mehr global erfassen. Traktate, theologische Summen oder auch Enzyklopädien sind vorbei. Alles, was wir von der Wirklichkeit wahrnehmen, ist fragmentiert und fragmentarisch. Die Frage: Was ist Wahrheit?, kann niemand allein für sich beantworten. Und Jesus hat auf die Frage vielleicht deshalb geschwiegen, weil sich die Wahrheit nicht mit

Worten definieren läßt. Die Wahrheit lag in der Lebenshaltung Jesu. Das war die Wahrheit.

Als Aspekt der Gesamtkrise der Moderne vermittelt die Krise der Rationalität den Eindruck, institutionelle Parameter bzw. Bezugsrahmen hätten ausgedient. Über Jahrhunderte hin nahm der Mensch seine Verbindlichkeiten von außerhalb seiner. Mystische Bezugslinien, Kosmologien, Weltanschauungen und religiöse Schemata boten Sicherheit, bis in der Renaissance der Mensch — als Mann und als Frau — das Maß aller Dinge wurde. In der gegenwärtigen Krise der Rationalität stehen alle Schemata, alle Ideologien, alle Wissenschaften und alle Deutungen, die vorgeben, eine zufriedenstellende Erklärung der Realität zu sein, auf dem Prüfstand. Daß die Erklärungen nicht mehr reichen, ergibt sich aus der Unvorhersehbarkeit der Dinge. Bis vor wenigen Jahren gingen wir davon aus, die Geschichte bewege sich auf einer linearen Strecke, von weniger entwickelten zu immer perfekteren Produktionsformen, vom Kapitalismus zum Sozialismus. Heute stellen wir völlig verdutzt fest, daß dem nicht so ist. Auch in der ganz persönlichen Erfahrung spüren wir, daß die erwähnten äußeren, institutionellen Bezugsrahmen viel zu wünschen übrig lassen.

In gewisser Weise machen gerade junge Menschen heute mit der Spiritualität, was sie in den siebziger Jahren mit der Mode gemacht haben. Von Mode und Modezeitschriften mit all ihren Normen wollte damals niemand mehr etwas wissen. Ob Junge, ob Mädchen, man holte sich aus dem Kleiderschrank des Bruders oder der Schwester, des Vaters oder der Oma hier eine Jacke, dort eine Hose und war sein eigener Modeschöpfer. Ähnlich halten es heute viele mit der religiösen Erfahrung. Ein bißchen Christentum, ein bißchen Buddhismus, ein bißchen Afrobrasilianisches, ein bißchen Naturreligion, von jedem etwas, ... und alle machen ihre eigene religiöse Erfahrung. Sind denn nicht alle Annäherungen zu kurz, um die Ängste zu beheben, zu denen die Krise der Rationalität führt?

Die Krise hat noch eine zweite Seite: das Scheitern des Sozialismus in Mittel- und Osteuropa. Unter dem Gesichtspunkt unseres Weltbildes und Weltverständnisses ist dieses nicht minder belastend als AIDS, wenn wir die Infektion von unserem Personsein und von unserer Beziehung zur Quelle des Lebens her betrachten. Wie AIDS den Kern des Lebens trifft, so trifft der Zusammenbruch des Sozialismus den Kern unserer Utopie. Wir stehen vor der Frage: Woher ein neues Modell von Gesellschaft nehmen? Woher neue Männer und Frauen nehmen, wenn der Embryo dieses Vorhabens, das heißt der Sozialismus, gescheitert ist, und zwar nicht unter dem Druck des Kapitalismus, sondern aufgrund innerer Schwäche, aufgrund der eigenen Widersprüche, die in ihm steckten?

Wir haben das alles zeitgleich miterlebt. Aus diesem Grund haben wir vermutlich nicht den Abstand künftiger Historiker, wenn diese nach dem Konkurs des Sozialismus in Mittel- und Osteuropa fragen. Dessen unbeschadet zeigt sich uns in einer unmittelbaren Analyse, daß die Verantwortlichen beim Aufbau des Sozialismus nicht die menschliche Subjektivität gelten ließen. Und warum? Weil schon der Marxismus in seinen Grundlagen nicht mehr gründlich genug das Subjektsein des Menschen im Auge hat. Nicht als hätte Karl Marx irgend ein Vorurteil gegen die philosophische Frage. Nein, es gibt zwei Gründe. Erstens war Marx — nach seiner Kritik an Religion und Philosophie — in der Tat mehr interessiert an einer Kritik der ökonomischen Frage; und zweitens lebte er einfach nicht lange genug, um das Projekt seines klassischen Werkes *Das Kapital* zu Ende zu bringen. Von den drei Bänden des *Kapitals* konnte er nur den ersten Band vollenden, den zweiten und dritten gab postum auf der Grundlage von Entwürfen Friedrich Engels heraus.

Marx schwebte vor, nach einer erschöpfenden Auseinandersetzung mit der ökonomischen Frage des Kapitalismus auch Politik und Ideologie zu bearbeiten. Möglich, daß er im Zuge der Beschäftigung mit der Ideologie dann auch die Frage der Subjektivität behandelt hätte. Doch dazu fehlte die Zeit. Damit aber wurde das Problem nicht nur beiseite geschoben, sondern es entstand auch eine Leere, in die dann eine gewisse positivistische Inspiration sozusagen eindringen und die Art und Weise bestimmen konnte, wie der Marxismus Wissenschaft und Gesellschaft versteht. So kam er zu der Überzeugung, gelänge es, eine objektiv mehr oder minder perfekte Gesellschaft von Produzenten mit einer institutionellen Artikulation von Produktivsystemen zu schaffen, entstünden automatisch auch neue Männer und neue Frauen. Doch dazu kam es nicht. Zwischen einem Modell von Sozialismus, in dem die Güter geteilt werden und Würde und Lebensmöglichkeiten allen Menschen offenstehen, und dem, was Menschen in ihrem Innern tatsächlich wollen, klafft offenbar eine große Kluft. Wünsche sind unbegrenzt, keine Ideologie kann sie realisieren. Keine Weltdeutung ist imstande, das Loch zu füllen, das jeder und jede von uns tief in der Brust spürt.

So entstand ein grundlegender Widerspruch im Sozialismus. Innerhalb eines bestimmten Rahmens konnte der Sozialismus den Hunger nach Brot stillen, aber nicht den nach Schönheit. Träumen war verboten. Doch Träumen durchlüftet unser geistiges Leben. Ohne Träume können wir nicht leben, ohne Träume verkümmern Hoffnung und Utopie.

Heute ist in Osteuropa ein immer rascherer Prozeß der Lateinamerikanisierung in Gang. Ohne hier auf die Krise des Sozialismus im einzelnen eingehen zu können, möchte ich nur festhalten, daß sie einer der Gründe dafür ist, daß Menschen angesichts der Krise von Rationalität und Subjektivität — die gerade politisch noch genau untersucht werden müßten — nach Spiritualität suchen. Deshalb wird auch die Forderung nach Ethik in der Politik immer lauter. Die Leute begreifen, daß keiner ein neues Haus mit veraltetem Material bauen kann. Für den Fall, daß wir uns nicht der Herausforderung stellen, ab sofort neue Männer und neue Frauen zu schaffen, werden wir auch keine neue Gesellschaft bekommen. Natürlich geht es nicht darum, die alte Formel ›Erst die Welt retten und dann die Menschen‹ umzudrehen und wieder zu sagen ›Erst die Menschen verändern und dann die Welt‹. Das Ganze ist ein dialektischer Prozeß. Es ist bekanntlich müßig, zu fragen, was zuerst war, das Ei oder die Henne. Beide kommen zusammen. Neuer Mensch und neue Gesellschaft müssen gleichzeitig gedacht werden.

Ein dritter Punkt: Unsere ganze Erfahrung von Mystik und Spiritualität wurde usurpiert und mithin domestiziert durch die religiösen Institutionen. Kontemplativ zu leben wurde zu einem Luxus allein noch für die, die eine spezielle Berufung dazu haben und infolgedessen an noch spezielleren Orten leben, mit anderen Worten: in Klöstern. Wer in Brasilien eine gängige katholische Buchhandlung betritt, findet dort in der Regel auch eine Abteilung ›Spiritualität‹, ausstaffiert mit Drucken, Fotos, Hinweisen und Symbolen wie paradiesischen Seen, Gebirgen im Sonnenuntergang, Wäldern im Morgengrauen . . . Ich werde dann immer zornig, wenn ich mir derartige Bilder ansehen muß. Einmal schoß es mir durch den Sinn: »Was müssen die Menschen in unseren Industriezentren doch für arme Kerle sein: quetschen sich in öffentliche Verkehrsmittel, atmen den ganzen Tag den Qualm ein, halten — in der Automobilindustrie — den Krach der Roboter aus und haben kaum Zeit zu schlafen, um vier Uhr müssen sie wieder 'raus aus dem Bett und hasten zum Bus, um pünktlich bei VW, Mercedes oder Scania zu sein... Wer von denen wird denn je überhaupt solch einen ausgetüftelten Grad spirituellen Lebens, wenn das denn Kontemplation ist, erreichen können? Um eine Ahnung von solch einem Wald zu kriegen, muß man wohl erst in die Schweiz fahren.« Und in der Tat: Bilder dieser Art zeigen fast ausschließlich europäische Motive. So mit Spiritualität umzugehen macht aus Spiritualität eine Erfahrung nur noch für Eliten. Und die Mystik? Die Mystik bekam die Repression zu spüren; denn Mystik hat es per se immer mit Prophetie zu tun und stellt somit die ekklesiastische[12] Macht in Frage. Von der Mystik gehen Angst und Bedrohung aus. So erklärt sich, daß wir Spiritualität nur noch in domestizierten Formen haben.

Und noch ein vierter Faktor: Um dieses Loch zu füllen — und das gilt insbesondere von den Laien, die ja an die spezielle Berufung, von der ich sprach, nicht herankommen —, tauchen spirituelle Formeln auf, die man nur als zutiefst solipsistisch bezeichnen kann. Doch was ist Solipsismus? Solipsismus liegt dann vor, wenn in der spirituellen Erfahrung ich selbst die Verbindlichkeit bin. Solipsist ist jemand, der sich brüstet, sich näher bei Gott zu fühlen als die meisten Sterblichen. Solipsist ist, wer sagt: »Sind doch arme Schlucker, die anderen, sind alle Sünder: sind meiner Bewegung noch nicht beigetreten; wissen nicht, was es heißt, Gott zu erfahren; wissen nicht, was es heißt, ein ganz naher Freund von Christus zu sein ...« So etwas ist Solipsismus, der mithin eine schwerwiegende geistige Verirrung darstellt. (Einen ernsten und berechtigten Vorbehalt möchte ich indes nicht

[12] Zum Begriff ›ekklesiastisch‹ vgl.: *Goldstein, H.*, Artikel ›Ekklesial/ekklesiastisch/ekklesiologisch‹, in: ders., Kleines Lexikon zur Theologie der Befreiung, Düsseldorf 1991, 50.

verschweigen: Meine Kritik an bestimmten Bewegungen bedeutet keine Kritik an den Mitgliedern dieser Bewegungen.) Manche Menschen können auch positive spirituelle Erfahrungen machen, ohne zwangsläufig mit dem Solipsismus in Berührung zu kommen, den ich hier beanstande.

Im allgemeinen zeichnen sich derlei Bewegungen u. a. dadurch aus, daß sie aus Ländern kommen, in denen nicht nur eine Diktatur herrschte, sondern darüber hinaus die institutionelle Kirche gute Beziehungen mit dem Regime pflegte, wie zum Beispiel in Spanien. Dort gab es eine Art Arbeitsteilung: Der Staat kümmerte sich um den Leib und die Kirche um die Seele. Viele dieser Bewegungen entstanden im Spanien der Franco-Diktatur. Da weder die Kirche noch die Christen befugt waren, sich in gesellschaftliche und politische Fragen einzumischen, weil diese ja in die Obliegenheit des Staates fielen und die Kirche obendrein zu dieser Lösung ihren Segen gab, bekamen die Bewegungen einen deutlichen Akzent als Privatisiererinnen des Glaubens. So entkleideten sie das Christentum seiner sozialen und politischen Dimension und ließen es zu einer inneren Erfahrung persönlicher Selbsterlösung geraten. Wer sich einer solchen Bewegung anschließt, erlangt die Heilsvertröstung, unabhängig von Rasse, Alter und sozialer Situation. Und das gilt für einen Menschen in Not (Jesus eröffnet ihm die Möglichkeit, schon heute den Trost und das klare Gefühl zu haben, zu den Erwählten zu gehören) ebenso wie für einen Bankier, der im Geist das Ausgießen des Geistes erfährt, ohne jedoch an seinen objektiven Lebensverhältnissen, das heißt an der Mechanik seines Hauses, das vermittels der üblichen Finanzspekulation andere ausbeutet, etwas ändern zu müssen. Phantastisch!, was? Das Ganze ist dann ein Christentum *prêt-à-porter.* Ich nenne das ›Spiritualität der Leistung‹.

Liebe und Gerechtigkeit als Frucht der Spiritualität

Frei Betto

Wir leben heute in einer Welt der Leistung. Beten ist für uns ein schwieriges Kapitel, weil wir uns sonst nur um Dinge kümmern, die unmittelbar etwas bringen. Stoße ich auf irgend eine Form von Spiritualität, frage ich mich unwillkürlich: Was für eine Hilfe habe ich davon für mein Leben? Dann verspricht mir der Präses oder der Priester der Bewegung möglicherweise die Heilung von meiner Krankheit: »Wenn Sie zu uns kommen, werden Sie bestimmt geheilt.« Die Sache ist dann wie ein Kompensationsgeschäft, ein Tauschhandel, ein *deal.* Man wird Mitglied, und in Kompensation kriegt man eine unmittelbare Gegenleistung: Heilung, Ekstase oder Trost. In einer derartigen ›Spiritualität der Leistung‹ ist selten Platz für die Früchte der Spiritualität im Sinn des Evangeliums, für Liebe und Gerechtigkeit. Liebe ist hier gemeint in ihrer tiefsten Dimension: als Fähigkeit, das andere zu akzeptieren und mit ihm zusammenzuleben. Das eigentlich Dynamische an der Liebe Jesu besteht darin, daß sie auch nicht den geringsten Anflug von Kolonialismus hat, als ob es hieße: »Alle haben sich meinem Modell anzuschließen.« Genau so aber verhielten sich die Jünger, als sie von ihrer Mission zurückkamen: »Meister, wir haben gesehen, wie jemand in deinem Namen Dämonen austrieb; und wir versuchten, ihn daran zu hindern, weil er uns nicht nachfolgt.« Doch Jesus antwortet: »Wer nicht gegen uns ist, der ist für uns« (Mk 9,38–40). Jesus will das andere, den anderen und die andere geachtet sehen. Man könnte ihn paraphrasieren: »Was sie tun, kommt uns zugute, auch wenn sie nicht zu uns gehören.« Jesus wird sich bewußt, daß sein Modell, in das sich auch andere von außerhalb jüdischer Sicht und Logik einschleichen, niemanden ausschließt. Ich verweise auf den großen Konflikt zwischen Petrus und Paulus. Petrus geht davon aus, wer Christ werden wolle, müsse sich zunächst für jüdische Spiritualität entscheiden; denn Heidentum gilt in jüdischen Augen als unrein. Die Antwort bekommt Petrus in der Vision in Joppe: Vom Himmel herab sieht er ein Leinentuch sich senken, voller Dinge, die für ihn unrein sind; und eine Stimme befiehlt ihm: »Steh auf, schlachte und iß! Denn alles ist rein« (Apg 10,8–18). Da wird ihm klar, daß *seine* Meinung falsch ist.

Wenn Liebe und Gerechtigkeit die objektiven Früchte sind, dann sind es unter subjektivem Gesichtspunkt Frieden und Unerschrockenheit. Das Gegenteil von Angst ist nicht Mut, sondern Glauben. Evangeliumsgemäße Spiritualität muß zum inneren Frieden führen. Der Frieden, den ein Christ oder eine Christin hat, gründet nicht auf Mauern oder darauf, daß sie keine Konflikte kennen, sondern auf der absoluten Sicherheit, daß Gott der Herr ihres Lebens ist. Geschehe, was geschehen mag, nichts kann diese Verbundenheit zerstören: Furchtlosigkeit also. Wir spüren es richtig, wie der Glaube die Angst, die wir vor dem Leben haben, überwindet. Unerschrockenheit gebiert Prophetie.

Paulus predigt auf dem Aeropag in Athen: »In ihm leben wir, bewegen wir uns und sind wir« (Apg 17,28). Paulus will sagen: Wir sind umhüllt von der Gegenwart Gottes. Realität ist nicht nur, was wir anfassen können und durch was wir unsere Beziehung zu den anderen vermitteln, das heißt Natur und Arbeit. Realität hat auch eine sakrale Dimension; und die läßt uns zurückweichen, damit wir so die Grundlage der Realität erfassen. Vor der Wirklichkeit verstummen ist eine Erfahrung, die wir als Menschen des Westens kaum kennen. José Martí würde sagen: »Die Augen schließen, um besser zu sehen.« (So beschreibt der kubanische Dichter übrigens auch den Tod und bietet damit zugleich ein herrliches Bild für die Auferstehung.) Damit rühren wir an das Fundament von Kontemplation. Ein kontemplativer Mensch ist jemand, der *silentium* — Schweigen — pflegt, und zwar *silentium* im etymologischen Sinn des lateinischen Wortes, das mit *sigillum* — Siegel — zu tun hat: Das Siegel Gottes bewahrt mich. Thomas von Aquin sagt das so: Je mehr ich mir selber begegne, desto mehr entdecke ich in mir einen anderen, der nicht ich selber bin, aber das Fundament meiner Existenz ist. Gott zu entdecken führt immer über den Weg, sich selbst zu entdecken. Wenn ich bete, begegne ich einem anderen, der nicht ich bin, der mich aber einlädt, mein wahres Ich zu werden. Aus diesem Grund höre ich nicht selten auf zu beten, weil ich die Begegnung mit meiner eigentlichen Identität fürchte.

Die gängige bzw. institutionalisierte Spiritualität hat uns diesen Inhalt genommen, insofern sie die Erfahrung der Kontemplation zu einer Art Lehre ausformuliert hat. Wir haben den Kopf voll von Diskursen über Gott. Wir können über Gott und von Gott reden, wir können mit Gott reden. Nur sind wir Ignoranten, wenn es darum geht, *Gott in uns sprechen zu lassen.* Mindestens klingt so etwas ausgesprochen fremd für unser Ohr. Was bedeutet das, daß Gott in uns spricht? Solange die Initiative von uns ausgeht, . . . kein Problem. Als westliche Pragmatiker sind wir vollgepfropft von ›Spiritualität der Leistung‹. Doch sobald der Prozeß umgekehrt verläuft und das Gebet von der Dreifaltigkeit ausgeht, setzt es bei uns im Kopf aus. Hat man denn je schon mal so etwas gehört?

Unsere Betrachtungsweise von Mystik und Spiritualität, die kritischen Aspekte daran, so wie wir sie erfahren haben, aber auch die religiöse Kultur insgesamt, die wir nun einmal mitbringen, stellen uns vor eine

Herausforderung. Wir kommen nicht umhin, zu versuchen, die Geschichte der Spiritualität, angefangen mit der Griechischen Bibel, neu zu verstehen und, was uns dabei aufgeht, möglichst auch unters Volk zu bringen. Es geht um eine Spiritualität, deren Ergebnis nicht der geistliche Solipsismus ist, sondern das Politische, und zwar das Politische bewußt mit großem Anfangsbuchstaben geschrieben[13]: die radikale Veränderung der Welt und der Menschen heute.

13 Vgl. *Goldstein, H.*, Art. ›Politik‹, in: ders., Kleines Lexikon zur Theologie der Befreiung, Düsseldorf 1991, 176–180.

Institution, Mystik und Prophetie

Leonardo Boff

Im großen und ganzen lieben Institutionen keine Mystiker. Institutionen lieben Leute, die im Namen des Papstes, des Bischofs oder der Lehre sprechen ... Der Mystiker bezieht sich auf nichts davon. Der Mystiker spricht im Namen Gottes — des Gottes, den er erfährt. Deshalb ist der Mystiker Gründer — und nicht Teil des Gegründeten, des schon Existierenden. Max Weber beschreibt in seinem Werk die beiden Führergestalten, die die Gesellschaft am meisten beeinflussen: Da ist zunächst der Priester, der weder die kanonische Regel noch die Messe erfindet, das heißt der Politiker, der die Gesellschaft nicht erfindet, sondern sie nur am Funktionieren hält, nur am Status quo interessiert ist und nichts ändert; und da ist der Prophet, das heißt der Politiker, der von einer neuen Gesellschaft träumt, der Subversive, der nicht reproduziert, sondern erfindet.

Der Wissenschaftler, der innerhalb des Paradigmas seinen Ort hat, an der Universität lehrt und die normale Wissenschaft am Funktionieren hält, ist ein Repetitor. Erfindungen sind nicht sein Metier. Aber innerhalb seines Faches weiß er alles, kann alles anwenden und hält alles am Funktionieren. Gegenüber der Wissenschaft, soweit sie entwickelt ist, hat er die Einstellung des Priesters. Doch daneben gibt es auch den Wissenschaftler mit der Einstellung des Propheten. Dieser ist Erfinder und Häretiker seines Fachs. Er setzt auf die Phantasie, und bei den Alchimisten sucht er nach neuen Ideen. ›Versuch und Irrtum‹ ist sein Prinzip. Wer von beiden ist der schöpferische Geist? Natürlich der Häretiker seines Fachs. Wer nur treu sein will seinem wissenschaftlichen

Paradigma, bleibt immer im Rahmen der Physik. Ein Einstein oder ein Heisenberg wird er nie. Der Mystiker bedeutet eine Gefahr für die Religion. Als Beispiel nenne ich Franz von Assisi (1182–1226)[14]. Gewöhnlich sagen wir, Franziskus sei eine Gestalt, die sich in den kirchlichen Rahmen eingeordnet habe, sei einer der Heiligen, die eine ganze spirituelle Richtung begründet haben; franziskanischer Geist schließe in die Begegnung mit Gott sowohl den Armen als auch den Kosmos mit ein. Der Arme erheische nicht nur praktizierte Solidarität, sondern auch eine Einstellung in dem Sinn, das Zentrum zu räumen und an die Peripherie auszuwandern. Franziskus, der ja aus dem Bürgertum stammt, gibt seine Privilegien auf und lebt fortan bei den Leprosen. Er wechselt seinen gesellschaftlichen Ort. Man kann bleiben, was man ist, und solidarisch mit den Armen werden. Etwas anderes jedoch ist, wie ein Armer zu leben, sich die Welt der Armen zu eigen zu machen und von dort her neue Dimensionen der Fleischwerdung und des Leidensweges zu entdecken ... So war Franz von Assisi es, der den Kreuzweg, die Krippe und die Feier der Eucharistie außerhalb der Kirche konzipierte. Er machte es möglich, daß der Priester den ›Altarstein‹ mit den Reliquien der Heiligen mitnahm, um die Messe auf dem Feld, auf der Straße oder wo sich die Leute gerade befanden, zu feiern. Dezentralisierung würden wir heute sagen. Franz war ein schöpferischer Mensch.

In dem Maße, in dem Franziskus seine schöpferische Kraft offenbarte, wurde er von Rom in die Schranken gewiesen. Seine Regel war eine Handvoll Verse aus der Bibel, aus der Griechischen Bibel. Doch der Papst machte Druck und setzte fest: Wer Ordensmann werden

14 Vgl. *Boff, L.*, Zärtlichkeit und Kraft. Franz von Assisi mit den Augen der Armen gesehen, Düsseldorf 1983, ^{6}1994; *Boff, L./Porto, N.*, Franz von Assisi. Die Sehnsucht nach dem Paradies, Düsseldorf 1987.

wolle, müsse die drei Gelübde — Armut, Gehorsam und Keuschheit — befolgen und Papst Honorius wie auch allen seinen Nachfolgern gehorchen. Franziskus blieb nichts anderes übrig. Aber der Preis war hoch. Aus seiner Regel mußten die evangelischen Kernsätze gestrichen werden. Also entwarf er eine zweite Regel . . ., die die Provinzialoberen jedoch stahlen. Ihr Argument: »So geht's nicht. Sie soll sich an Benedikt orientieren, oder an Basilius.« Also rief Franziskus alle seine Brüder zusammen und sagte: »Von Basilius will ich nichts wissen, oder von Benedikt. Nichts davon. Ich will ein Tor Gottes sein. Ich will den Weg des Evangeliums. Den Weg der Torheit.« Torheit: für Leute innerhalb der Strukturen der Kirche. Doch für Leute jenseits kirchlicher Strukturen: Charisma und etwas völlig Neues.

Vor Fertigstellung der Regel, die diesmal tatsächlich approbiert werden sollte, geriet der Heilige in jene berühmte Krise, in der er sich allein zurückzog, um den Leprosen zu Diensten zu sein. Anderthalb Jahre sprach er mit keinem einzigen seiner Brüder. Lediglich Bruder Leo besuchte ihn zweimal, und mit ihm unterhielt er sich. Was war das für eine Krise? Franziskus akzeptierte nicht mehr die Institution. Die Brüder gründeten Klöster und bauten eine Organisation auf. Dazu bedurfte es Güter und Nahrungsmittel, eines Hauses, um die Novizen unterzubringen und zu unterweisen . . . Doch Franziskus wollte nichts von alledem. Er wollte eine Bewegung im Sinn des Evangeliums auf der Straße. Hingegen dachte der Papst an Regeln, Strukturen, Gehorsam . . . Erst nach dieser langen Zeit überwindet Franz in einem Akt tiefer Demut die Krise und erklärt sich bereit, um des gekreuzigten Christus willen, den er sowohl in den Institutionen als auch in der Kirche der Macht gegenwärtig sieht, zuzustimmen. Doch in dieser großen Krise stirbt etwas. In den Lebensbeschreibungen steht nichts davon; denn die sollen ja zeigen, daß sich die Brüder dem Papst gegenüber als gehorsam erweisen. Sie sind Teil der Kirche. Jedoch: Die Treuesten, die *fraticelli*, verweigern den Gehorsam, werden ausgeschlossen, exkommuniziert und der Inquisition übergeben. Bonaventura (1217–1274), der als der eigentliche Ordensgründer gilt — das ist nicht Franziskus! —, läßt alle seinerzeit vorhandenen Lebensbeschreibungen, in denen die Brüder die Vita des Heiligen bezeugen, verbrennen und schreibt selbst seine kanonische Biographie, die gerade für Novizen gut genug ist. Als (siebter) Generalminister des Ordens richtet er alles im Sinn der Norm aus. Er verfaßt auch die Generalkonstitutionen, bei denen es ihm vor allem darum geht, daß sie die Anerkennung des Papstes finden.

Nur mit großem Schmerz konnte sich Franziskus in der Institution halten. Er war Mystiker genug, um zu wissen, daß Jesus, wenn auch als der Gekreuzigte, in der Kirche lebt. Die gekreuzigte Transzendenz in den Koordinaten der Macht!

Mit Franziskus vergleichen läßt sich Pierre Teilhard de Chardin. Der französische Jesuit macht dieselbe Grunderfahrung. Auch er entdeckt das Heilige im Kosmos und Gott in der Welt wieder. Jedes Ding nennt er Bruder und Schwester, weil Gott in ihm ist. Teilhard de Chardin ist in der modernen Welt der große Mystiker, Anthropologe, Geologe und Paläontologe, aus dessen Feder das berühmte Buch *Le milieu divin — Das göttliche Milieu* stammt. Als Mensch, der aus der modernen Kosmologie, das heißt: aus der Welt in Evolution, kommt, erkennt er, daß Christus nicht nur ein Mensch des Mittelmeerraumes und der westlichen Kultur ist, sondern daß er eine Vorgeschichte hat, wie auch unser Körper und unsere Psyche eine Vorgeschichte von Millionen von Jahren haben. Christus ist von Anfang an im Prozeß der Ausformung von Welt und Materie präsent, er entwickelt sich — Stichwort: Christogenesis — und wird empfangen im kosmischen Schoß, im Leib des Alls, bis er schließlich geboren wird. Das Universum ist christisch, will sagen: trägt das Prägemal Christi.

Die Spiritualität der zwanziger, dreißiger Jahre dieses Jahrhunderts war eine Spiritualität des Willens, des Stoßgebetes und der guten Absicht. Wenn man morgens aufstand, weihte man aus Liebe Gott das ganze Tagewerk; im Laufe des Tages gab man mit Hilfe von Stoßgebeten den einzelnen Taten immer wieder eine besondere Qualität . . . und hatte dabei den Vorteil, daß jedes Stoßgebet einen Ablaß von sieben Jahren, von dreihundert Tagen oder von etwas Ähnlichem brachte. Hatte jemand nicht die rechte Absicht — ob er ein Buch schrieb oder Millionen Menschen bekehrte, hatte aber nicht die gute Intention erklärt, alle die Leute zu bekehren —, galt das in den Augen Gottes alles nicht als Verdienst; denn die Sache an sich ist absolut profan; was ihr den Wert verleiht, ist die gute Absicht.

Für Teilhard de Chardin ist dies eine rein voluntaristische Spiritualität — abstoßend, weil sie das Gewissen terrorisiert mit ihrem Streben nach Verdiensten. Sie vergißt, daß Gott sozusagen unter die Materie gemischt ist. Der kosmische Christus steckt in der Welt und wird nach und nach aus ihr geboren. Was immer ich tue, sofern ich es nur gut tue, bringt mich in Einklang mit Gott.

Das göttliche Milieu ist die Atmosphäre Gottes, in die wir eingetaucht sind. Das Buch unterliegt der Zensur und darf nicht veröffentlicht werden. Aber Freunde reichen es in Briefform untereinander weiter. Rom zwingt den Generalminister des Jesuitenordens, Teilhard de Chardin nach China zu versetzen, wo es bekanntlich kaum Christen gibt. Teilhard de Chardin zelebriert die heilige Messe in der französischen Botschaft, und sonntags darf er bei den Franziskanern zu Abend essen und sich über Theologie unterhalten. Fünfundzwanzig Jahre verbringt er in China, weit ab von theologischen Diskussionen und abgeschnitten von der Erneuerung der dreißiger und vierziger Jahre. Erst 1950 erhält er die Erlaubnis, nach Paris zurückzukehren. Im Laufe der Zeit hatte Teilhard de Chardin etliche Bücher geschrieben, keines aber bisher veröffentlichen dürfen. Alle hat die Zensur kassiert. 1955 stirbt Pierre Teilhard de Chardin — an dem Tage, an dem er zu sterben gewünscht hatte, am Ostersonntag. Unter dem Druck bekannter Namen verschiedener Akademien gibt Rom schließlich das Werk frei, und die Bücher können endlich erscheinen.

Als ich mich 1992 entschloß, mein Priesteramt aufzugeben[15], sagten mir Freunde: »Das beste wäre, du verhieltest dich wie Teilhard de Chardin: gingest nach China, aber bliebest im Orden.« Teilhard hatte sein Charisma, ich habe ein anderes. Als guter Jesuit hatte er ein Verständnis von Kirche, das ich nicht mehr habe. Für ihn war Kirche etwas Absolutes, für mich ist das Absolute das Reich Gottes. Wenn mir jemand befehlen sollte, das Reich Gottes zu verlassen, in diesem Fall würde ich nicht mitmachen. Man mag mich töten, aber aus dem Reich Gottes hinausgehen würde ich nicht.

Ich relativiere die Kirche. Franziskus hat sich nicht unterworfen, bis zum Ende hat er gekämpft. Deshalb hält er in seinem Testament — übrigens das Persönlichste, was er uns hinterlassen hat — vor seinem Tode fest: »Niemand hat mich gelehrt, wie ich leben müßte. Weder die Kirche noch die Priester noch die Theologen. Gott selbst hat es mir geoffenbart. Und er hat mir geoffenbart, ich müßte die Welt verlassen und unter die Leprosen gehen.« Und was ist das für eine Welt? Die strukturierte Welt? Die Welt eines Innozenz III., des reichsten Papstes in der Geschichte der Kirche? ›Fürst der Welt‹ war sein Titel. Selbst der Fürst von Moskau war sein Lehnsmann, war ihm unterstellt. Innozenz III. verfügte über Heere. Er

[15] Vgl. *Goldstein, H., Leonardo Boff,* Zwischen Poesie und Politik, Mainz 1994, 53–63.

gründete die erste Bank in Europa, die es bis heute gibt: die ›Banco di Santo Spirito‹; und die ist die Bank des Vatikanstaates. Doch Franziskus unterwarf sich seinen Vorstellungen nicht.

Als Innozenz III., der die erste — nur aus Schriftstellen bestehende — Regel 1209 bestätigt hatte, gestorben war, war auch Franziskus nach Peruggia gekommen, um an der Totenwache für ihn im Dom teilzunehmen. Da lag nun der tote Papst, einbalsamiert, in prunkvollen Gewändern, umgeben von Edelsteinen, Kronen und sonstigen Kostbarkeiten, und wartete auf Könige, Fürsten und Untertanen aus aller Welt. Doch im Morgengrauen drangen Diebe in das Gotteshaus ein, fledderten die Leiche und ließen sie nackt zurück. Franz, der keine Unterkunft in der Stadt gefunden hatte, nächtigte versteckt in einer dunklen Ecke des Domes. Er zog seine armselige, ganz zerschlissene Kutte aus und bedeckte damit die »Scham« des Papstes. Ein Symbol für die Kirche der Macht, die Diebe bestehlen und entwenden können. Doch Franziskus, Symbol der Armen, rettet die Würde des Toten.

Unter dem Titel *Sinfonia universal — Universale Sinfonie* brachte Frei Betto 1992 eine Neuausgabe seiner Arbeit über Teilhard de Chardin heraus.[16] Darin zeigt der Dominikaner, daß die Gedankenwelt des Franzosen auch heute noch aktuell ist wie eh und je, weil sie uns hilft, Gott auch in der Welt von heute zu entdecken.

[16] *Betto, F.*, Sinfonia universal, Letras e Letras, São Paulo 1992.

Theologie der Befreiung und Spiritualität des Volkes Gottes

Frei Betto

Eine der Schwierigkeiten, mit denen die Theologie der Befreiung zu kämpfen hat, besteht darin, den spirituellen Reichtum der Armen wahrzunehmen. Wir Beistände, Theologen und Fachleute in Sachen Pastoral sind weit davon entfernt, die Spiritualität der Armen sachgerecht zu verstehen, weil wir der Art dieser Menschen mit Vorurteilen begegnen. Als Beispiel nenne ich die Marienfrömmigkeit in Lateinamerika. Von der Höhe unserer akademischen Theologie herab hielten wir das Ganze für Aberglauben und Traditionalismus. Dagegen schätzt die Theologie der Befreiung, weil sie davon ausgeht, daß die Armen selbst verantwortliche Subjekte sind, die Marienfrömmigkeit inzwischen anders ein. Nicht mehr Vorurteile, sondern Gründe-wissen-wollen. Warum haben die Armen solch eine tiefe Verehrung für die Mutter Gottes? Warum ist sie so wichtig in der Religiosität des kleinen Volkes? Mittlerweile haben wir manches entdecken und lernen können; aber worum es ganz tief in den Menschen geht, das wissen wir noch lange nicht. Wir stehen gewissermaßen vor einem Schatz, von dem wir aber bisher nur die Oberfläche sehen, ein paar bunte Steinchen. Das Gold, bis dahin sind wir noch lange nicht vorgedrungen.

Die Spiritualität der Armen hält sich weder an Lehren noch an Institutionen. Wohl aber enthält sie auch animistische Komponenten und Elemente anderer religiöser Überlieferungen. Besonders zeichnet sie sich durch eine sakralisierende Einschätzung der Natur aus: *Pacha Mama — Mutter Erde.* Ich denke da an die Basisgemeinden von Ureinwohnern in Peru. Dort erzählte man mir mal: Wenn jemand in der Gemeinde seine Sünden bekennt, dann müsse er zur Buße einen als heilig verehrten Berg, gleichsam als Gestaltwerdung der *Pacha Mama,* der *Mutter Erde,* besteigen. Wer einen dieser Berge besteige, tue damit Buße; und seine Sünden würden dadurch getilgt, weil er ja die verehre, die der Ursprung allen Lebens sei, die Erde.

Hinter all diesen Dingen steckt offenbar eine Logik, von der wir mit unseren griechisch-römischen Kategorien kilometerweit entfernt sind: Arme essen Gott, schlafen Gott, beschimpfen Gott, gehen mit Gott, sagen Gottseidank, um Gottes willen, um der Liebe Gottes willen. Um das alles zu begreifen: einen Gott, den man ißt, den man trinkt, den man schläft, den man tanzt . . ., müssen wir durch eine *Kenosis,* eine Entäußerung hindurch. Immer noch haben wir unseren Katechismus-Gott im Kopf: »allvollkommen, allmächtig, allwissend«, und ich weiß nicht was noch für »all . . .«. Unser Gott ist ein Gott der Oper, der Gott der Armen ein Gott der Samba.

Mystik und Engagement

Frei Betto

Lange Zeit kam in der engagierten Parteiarbeit — gerade in Brasilien — kein Mensch an der Frage nach der Mystik vorbei, Mystik nicht als Diskurs, wohl aber als gelebtes Leben verstanden. Wer Mitglied der ›Brasilianischen Kommunistischen Partei‹ war, sich am Widerstand gegen die Militärdiktatur (1964–1985) beteiligte oder sonst zu bestimmten Gruppen oder Parteien gehörte, wußte, daß er bzw. sie zum Opfer des Lebens bereit sein mußte. Wer in der Linken engagiert war, mußte zwingend mit Verfolgung, Verlust der Arbeit, Gefängnis, Folter oder Ermordung rechnen. Zahllose Männer und Frauen, die nicht erst während der Militärdiktatur, sondern schon seit Anfang des Jahrhunderts in der linken Tradition verwurzelt waren, haben dies zu spüren bekommen: zuerst die Anarchisten, dann die Kommunisten und schließlich die erweiterte Linke, einschließlich all der nichtkommunistischen Strömungen, wie sie seit den sechziger Jahren in Brasilien entstanden waren.

Wer die zweibändigen Memoiren[17] eines Gregório Bezerra[18] liest, spürt, wie dieser Mann ohne jeden reli-

[17] *Bezerra, G.*, Memórias, 2 Bde., Rio de Janeiro ²1979–1980.

[18] Gregório Bezerra, geb. 1900 im Hinterland des nordostbrasilianischen Staates Pernambuco. Mit sieben Jahren verliert er beide Eltern und kommt mit zehn Jahren nach Recife, wo er im Haushalt eines Großgrundbesitzers »regelrecht wie ein Sklave« schuften muß. Er verdingt sich als Lastenträger und Zeitungsverkäufer. Beim Militär lernt er im Alter von 25 Jahren lesen und schreiben. Die Arbeitslosigkeit treibt ihn in die (damalige) Hauptstadt Rio de Janeiro. Dort wird er Berufssoldat: Ausbilder im Rang eines Unteroffiziers. 1930 tritt Bezerra der Brasilianischen Kommunistischen Partei (Partido Comunista Brasileiro = PCB) bei. 1935 gehört er mit zu den Organisatoren der »Intentona Comunista«

giösen Glauben aus der Mystik der Veränderung der Welt, der Gerechtigkeit und der Befreiung der Armen lebte. Wer in das Bolivianische Tagebuch eines Ernesto Che Guevara[19] schaut, gewinnt denselben Eindruck. Oder nehmen wir die Gedichte eines Ho Chi Minh. Ho Chi Minh ist insofern auch eine bemerkenswerte Gestalt, als er aufgrund seiner revolutionären Mystik ehelos blieb. Die Notwendigkeit, Vietnam zu befreien, sagte er, sei so dringend, daß ihm keine Zeit bleibe, sich um eine Familie zu kümmern. Also blieb er kraft des Kampfes entschieden zölibatär. Oder denken wir an Luís Carlos Prestes[20]. Wer etwas vom Leben Prestes' kennt, weiß, welch bewundernswerter Mann der Kommunistenführer war, völlig in Einklang mit seinen Prinzipien. Von Prestes, der am 7. März 1990 mehr als neunzigjährig starb, habe ich in Erinnerung, daß er noch als alter Mann in Oberschulen Vorträge hielt und jungen Menschen mit seiner glühenden Überzeugung neue Hoffnung schenkte.

(Kommunistische [Wahnsinns]revolte), einer Erhebung von Militärs in Natal, Recife und Rio de Janeiro. Zehn Jahre Haft. Schwerste Gewalttaten muß er über sich ergehen lassen. 1945 begnadigt, wird er für die PCB zum Bundesabgeordneten gewählt. Als die Partei 1947/48 verboten wird, wird er erneut in Haft genommen, diesmal für 18 Monate. Im Zuge des Militärputsches 1964 wieder eingekerkert, wird er 1969 »gebannt«. Doch noch im selben Jahr wird er gegen den entführten Botschafter der USA »ausgetauscht«. Insgesamt wird Gregório Bezerra 23 Jahre im Gefängnis festgehalten.

19 *Che Guevara, E.*, Bolivianisches Tagebuch, Verlag Volk und Welt, Berlin 1987.

20 Luís Carlos Prestes, geb. 1899 in Porto Alegre, gest. 1990 in Rio de Janeiro. In den Jahren 1924 bis 1927 zieht Prestes in einer revolutionären Bewegung mit 900 Mann 24 000 km durch ganz Brasilien. Die »Kolonne Prestes« liefert sich mit den Kräften der etablierten Ordnung mehr als 50 kämpferische Auseinandersetzungen, aus denen sie vielfach als Siegerin hervorgeht. 1930 tritt Prestes der Brasilianischen Kommunistischen Partei (Partido Comunista Brasileiro = PCB) bei und wird 1945 für die PCB zum Senator gewählt. Doch die Partei wird 1947/48 verboten, so daß politische Aktivitäten nur noch im Untergrund möglich sind. Nach dem Militärputsch im Jahre 1964 lebt Prestes im Ausland. Mit Lokkerung der Militärdiktatur kann er nach Brasilien zurückkehren.

Das ist die Mystik des Reiches Gottes. »Ich hatte Hunger, und ihr habt mir zu essen gegeben. Ich hatte Durst, und ihr habt mir zu trinken gegeben« (vgl. Mt 25,31–46). Nichts davon, daß zur Mystik Ekstase gehörte oder die Abgeschiedenheit des Mönches ... Die ganze Dynamik des Evangeliums ist die Dynamik der Geschichte, der anderen, der Gerechtigkeit, der Veränderung. Natürlich ist dieses Verständnis von Mystik im Vergleich zur heidnischen Mystik — mit dem ganz allgemeinen Wort ›heidnische Mystik‹ möchte ich diese von der ›Mystik im Sinne des Evangeliums‹ abgrenzen — in höchstem Grade subversiv. Im Hinterkopf haben wir nämlich noch immer einen heidnischen Begriff von Mystik, der viel älter ist als die Bibel und der sich auch ins Christentum eingeschlichen hat. Die Vorstellung von Mönch, Betrachtung und Kloster ist keine Erfindung der katholischen Kirche. All diese Dinge gab es mindestens schon sechs Jahrhunderte vor Christus.

Mit den Parteien der brasilianischen Linken passiert im Augenblick ungefähr, was mit der Kirche im 4. Jahrhundert passierte. Da politische Polizei, Verfolger und Folterer — von einigen Ausnahmefällen vielleicht abgesehen — ausgedient haben, ist manch einer in letzter Zeit in den Genuß der Macht gekommen. Mit einemmal ist der Parteifreund, mit dem man vor zwanzig Jahren im Morgengrauen Parolen an die Wände malte, Bürgermeister, Gouverneur oder Minister auf Landes- oder Bundesebene geworden und fährt, mit dem Telefon am Ohr, im Wagen durch die Lande. Da fällt mir ein, was Hieronymus — verwundert und erschrocken — für Beobachtungen in der Kirche machte, nachdem diese aus dem Untergrund hervorkommen konnte. Aus Rom schrieb er an Freunde in Jerusalem: »Heute verbringen die Bischöfe die Abende damit, daß sie in den Villen reicher Damen Tee trinken und Gebäck naschen.« Hieronymus hatte bis dahin nur die Kirche der Katakomben gekannt. Mit einem Schlag — phantastisch! — verändert Konstantin die Landschaft und kopiert die Hierarchie der Kirche. In gewisser Weise stehen die Parteien der Linken heute in einer ähnlichen Spannung. Diese besteht darin, daß die Menschen zum einen womöglich von den Strukturen der Macht vereinnahmt werden und daß sie zum anderen nach wie vor die Notwendigkeit der Mystik spüren, wie sie ursprünglich in der Programmatik ihrer Parteien steckte und wie Treue zum Volk, Veränderung der Gesellschaft und Entwicklung eines neuen Projektes, aber auch die Herausforderung, neue Männer und neue Frauen zu werden, sie fordern.

Es ist sehr zu begrüßen, daß die Parteien inzwischen in der Politik größtes Gewicht auf die Ethik legen. Ethik ist einer der Namen für Mystik. Ethik ist eines der Erfordernisse konsequenten Handelns. Revolutionär — so unser Reden, als wir vor fünfundzwanzig Jahren im Gefängnis saßen — ist jemand, der alles verlieren kann: Arbeit, Familie und guten Ruf — bis hin zu dem, was er an Wertvollstem überhaupt hat: sein Leben; nur eines kann er nicht verlieren: die Moral.

Die Parteien fangen an, die Scheu zu verlieren und das Problem der Subjektivität zu diskutieren. Im Grunde, so habe ich den Eindruck, werden wir an die Frage der Mystik heranmüssen. Das Ganze ist ungefähr so wie die Tatsache, daß wir nicht wissen, wie sich die Chemie im Boden auswirkt, daß wir uns dennoch mir nichts dir nichts an den Tisch setzen und Kartoffeln, Salat und vieles mehr essen, auch wenn alles mit der Chemie im Boden zu tun hat. Wer Gemüse und Obst produziert, damit wir etwas zu essen haben, müßte auch etwas von verseuchten Böden verstehen.

Kann man überhaupt von neuen Menschen: von neuen Männern und Frauen, sprechen, ohne von Mystik zu sprechen? Offenbar verhält sich die Mystik zu der Frage wie die Chemie zum Boden, wenn es darum geht, gutes Gemüse und gutes Obst auf den Tisch zu bringen. Wir haben mit dem Tabu und mit dem Vorurteil zu brechen, das uns verbietet, überhaupt über dieses Thema zu reden. Über Mystik muß in Cafés und Kneipen diskutiert werden, wollen wir den Irrtum vermeiden, den unsere sozialistischen Weggefährten gemacht haben, als sie nur objektiv-ideologisch über die Dinge sprachen, ohne die Frage der Subjektivität zu berücksichtigen.

Die Armen — Kernstück der Mystik

Leonardo Boff

Die Frage, an der niemand von uns vorbeikommt, heißt: Mit wem identifiziere ich mich eigentlich? Was sind meine Grundüberzeugungen? Der Sozialismus oder die Armen und Unterdrückten?

Die Grundlage des Ganzen sind die Armen und Unterdrückten; denn wäre es der Sozialismus und ginge dieser zu Bruch, dann ginge zusammen mit ihm ja auch ich zu Bruch. Scheiterte hingegen der Sozialismus, weil ich das Problem der Armen und Ausgebeuteten gelöst hätte, wäre das nur gut. Als Karl Marx einmal angesprochen wurde: »Da haben Leute den Marxismus entwikkelt und eine Gruppe gebildet, die sich mit Marx beschäftigen soll«, antwortete er: »Damit habe ich nichts zu tun. Ich bin Antimarxist. Mein Problem ist nicht der Marxismus, mein Problem sind die Proletarier und Unterdrückten.« Gedankengebäude und Marxismusdiskussionen sind Werkzeuge, mit deren Hilfe Arbeiter und Unterdrückte befreit werden sollen und die deren Bürgerrechte und soziale Subjekthaftigkeit — als Mitwirkende und Teilhabende wie als Schöpfer gerechter, Würde ermöglichender Sozialbeziehungen — wiederherstellen sollen.

In der gegenwärtigen Krise haben wir diesen entscheidenden Punkt ganz klar zu sehen. Hält unsere Bewegung an ihren Grundüberzeugungen fest? Glaubt sie nach wie vor daran, daß die An-den-Rand-Gedrängten wieder eine Zukunftsperspektive eröffnet bekommen müssen? Ja! Und aus diesem Grund sind wir auch weiterhin gegen das System, auch wenn der Kapitalismus heute weltweit überall den Ton angibt und zur herrschenden sozialen Praxis und Ideologie geworden ist. Wir stehen auch weiterhin an der Seite der zwei Drittel der Menschheit, die marginalisiert und aus dem System ausgegrenzt worden sind. Auch wenn wir keinen Ausweg wissen, billigen wir nicht das Urteil über die Geschichte, das da sagt, die Geschichte bewege sich in Richtung auf die Herrschaft der Mächtigsten und Stärksten und damit auch in Richtung auf die Verrandung von zwei Dritteln der Weltbevölkerung. Das wollen und können wir nicht glauben. Deshalb wollen wir unsere Option in Gedanken und Werken bekräftigen und unser Schicksal wie eh und je an das Schicksal der Verdammten der Erde gebunden sehen. So definieren wir, was Mystik der offenen Augen und der tätigen Hände ist.

Nichtchristliche und christliche Mystik

Frei Betto

Mystik und Kontemplation sind — auch in ihrer institutionellen Ausformung — deutlich älter als das Christentum. Als Ordensleute haben wir fälschlicherweise gelernt, das beschauliche Leben sei sozusagen eine Erfindung des christlichen Ordenswesens, während in Wirklichkeit nicht einmal das Ordensleben selbst ein Produkt des Christentums ist.[21]

Bereits bei den Pythagoräern, sechs Jahrhunderte vor Christus, gab es betrachtende Gemeinschaften. In Indien pflegten die Anhänger der Weden, Brahmanen und Hinduisten schon dreitausend Jahre vor der Zeitenwende Askese, Meditation und Kontemplation in eremitischen wie in koinobitischen, sprich: gemeinschaftlichen Lebensformen. Im übrigen zeigt sich die mystische Tradition im Osten stark geprägt von einer Art Synthese zwischen dem religiösen Kult der Hinduisten — die Hinduisten glauben an Brahma, eine Gottheit, die so etwas wie eine Gestaltwerdung kontemplativer Erfahrung ist — und anderen religiösen Überlieferungen, die als das äußerste Gegenteil dazu gelten, wie die Jainiten mit ihrer strengen Askese und mit einer ausgesprochen negativen Einstellung zur Welt. Im Horizont dieser beiden großen Strömungen verläßt fünfhundert Jahre vor Christus ein Prinz namens Siddharta Gautama — viele kennen seine Geschichte: verheiratet und Vater von fünf Kindern — Familie und Reichtum und begibt sich auf die Suche nach, wie er meint, der größten Herausforderung

[21] Vgl. zum ganzen Folgenden: *Codina, V./Zevallos, N.*, Ordensleben (Bibliothek Theologie der Befreiung), Düsseldorf 1991.

seines Lebens. Die Frage bewegt ihn, wie er sich vom Leiden befreien könne. Für Siddharta Gautama, den wir heute unter dem Namen Buddha kennen, ist die größte Herausforderung des Daseins das Leiden. Wer sich vom Leiden freimachen kann, erlangt unsägliches Glück. Nachdem er alles, was die Weden und andere geistliche Überlieferungen im damaligen Indien, so unterschiedlich sie auch sind, verkostet hat, entwirft Buddha als Ausgleich zwischen den Extremen den ›edlen achtfachen Weg‹, den wir als Buddhismus kennen. Ursprünglich gibt es im Buddhismus auch nicht die geringste Vorstellung eines Gottes. Deshalb sagen manche, der Buddhismus sei weniger eine Religion als vielmehr eine Philosophie. Buddhismus ist die Erfahrung der Selbstbefreiung, in der unter spirituellem Gesichtspunkt der Träger des befreienden Geschehens immer der Mensch selbst ist. Einen Gott, eine Gnade oder ein Wesen, welches das Bemühen des Menschen stimulierte oder unterstützte, alles das gibt es nicht.

Zur Zeit Jesu legten die Essener in Palästina bekanntlich größten Wert auf monastische Kontemplation. Im Judentum zur Zeit Jesu hatte gerade die mönchische Tradition der Essener im Land eine große ideologische Ausstrahlung. Aufgrund des asketischen Lebens, das er führte, nehmen manche sogar an, auch Johannes der Täufer sei Anhänger oder Novize der Essener gewesen. So erhellt, daß die Vorstellung, wir Christen hätten das monastische bzw. beschauliche Leben erfunden, alles andere als zutreffend ist. Das Klosterleben ist keine Schöpfung, sondern eine — späte, weil erst ab dem vierten Jahrhundert erfolgte — Aneignung der Kirche.

Den ersten Christen lagen zwei Dinge am Herzen. Erstens ging es ihnen darum, daß Menschen, wenn sie zum Glauben fanden, ihr Ja aus reifer, mündiger Zustimmung sagten. Oder um es in gängiger Sprache zu sagen: Die Taufe war keine Sache für Kinder, sondern für

Erwachsene. Kinder zu taufen war nicht üblich. Getauft wurden Erwachsene, nachdem sie sich lange vorbereitet hatten; denn Christsein hieß zu Zeiten des römischen Reiches, in den drei ersten Jahrhunderten unserer Zeitrechnung, Kandidat für den Märtyrertod sein. Christsein war nur etwas für Menschen, die sich aus tiefer Überzeugung bewußt dafür entschieden hatten und bereit waren, Folter, Verfolgung und Martyrium auf sich zu nehmen. Für den Glauben zu sterben. Wer in der Griechischen Bibel liest, welche Erfahrungen die christlichen Urgemeinden machten — namentlich die, die Paulus gegründet hatte —, weiß wie der Apostel, daß Christendasein im ganzen Mittelmeerraum wahrlich keine reine Freude war. Christen bekamen es von zwei Seiten ab: von den Juden und von den Heiden. Und zusätzlich noch aus den eigenen Reihen, wegen der Streitereien mit den Anhängern des Petrus.

Der andere Faktor der christlichen Mystik bestand in dem Bemühen, das spirituelle Kernanliegen Jesu getreu in den jeweiligen Kontext zu übersetzen und gegen Einflüsse aus dem Osten, insbesondere gegen jüdisch-hellenistische Anwürfe zu schützen. Gefahren drohten u. a. durch Gnostizismus, Schwärmertum, Stoa und Platonismus. In den Augen der Christen waren das alles negative Beeinflussungen, insofern sie nur Dualismus und Manichäismus gebracht hätten. Demnach hatte das Leben zwei Prinzipien: ein gutes und ein böses. Viele waren offenbar auch noch der Meinung, der Mensch zerfalle in zwei entgegengesetzte Elemente: in den Körper, der zur Sünde tendiere, und in die Seele, die zur Gnade neige. Der Körper sei Sklave des Dämons, die Seele hingegen gehöre Gott. Das ganze Leben mit all seiner Schwäche bestehe in nichts anderem als in einem ewigen Konflikt zwischen Leib und Seele. Daher kommt denn auch die Vorstellung des Konfliktes zwischen Natürlichem und Übernatürlichem, zwischen Sakral und Profan — einschließlich der Idee, die wir als Ordensleute vermittelt bekommen haben: Wer ins Kloster gehe, habe den besseren Teil erwählt. Leute in der Welt seien mehr der Sünde unterworfen. Leute im Kloster befolgten die evangelischen Räte — nicht nur die Tugenden, sondern auch die Räte. (Vermutlich gäbe es auch einen speziellen Himmel, ein großes Kloster, einen siebten Himmel — nur für Nonnen und Mönche . . ., nur für Leute mit einer besonderen Berufung, die sich an die Räte hielten.) Was das alles für Ideen waren!

Interessanterweise war aber die gute, ursprüngliche Tradition in der Kirche stets bemüht, sich vor diesen Einflüssen zu hüten und zu verhindern, daß sie in Theologie und Spiritualität eindrängen. Doch nicht immer mit Erfolg. Und warum nicht? Weil unsere theologische Reflexion immer auf dem philosophischen und kulturellen Umfeld basiert, in dem wir nun mal leben. Unsere Theologie gründet nicht auf der Logik von Engeln. Unsere Theologie gründet auf der Logik von Menschen, und diese Menschen sind nun einmal abhängig von der Kultur, in die hinein sie geboren wurden und die sie atmen.

Im dritten Jahrhundert schreibt Origenes eine Abhandlung über Askese und Mystik, die zeigen soll, wie der Christ zur Erkenntnis Gottes gelangen kann. Doch schon diese Schrift ist nicht frei von griechischen Ideen, denen zufolge es eine bestimmte Erkenntnis — eine ›Gnosis‹ — gibt, nach Art der Intuition des Platon das höchste Gut zu erfassen. Mit Origenes beginnt nicht nur eine gewisse negative Einschätzung von Welt und Schöpfung, sondern auch der Verlust des engagierten Einsatzes für das Reich Gottes, mit anderen Worten: des Einsatzes von Märtyrern und Bekennern, und es entwickelt sich allmählich ein ganzes Gebäude von Kontemplation und Spiritualität auf der Grundlage von Introvertiertheit und individueller Askese. Raum gewinnt diese neue Haltung mit dem Ende der Christenverfolgungen im vierten Jahrhundert, als Konstantin zu der Erkenntnis kommt, gegen die Christen, die inzwischen die Unterstützung des Volkes gefunden hatten, regieren zu wollen wäre politischer Selbstmord. Besser wäre es da schon, mit den Christen zu regieren ... was er dann auch tat.

Mit Bauern in Ägypten startet die Kirche im vierten Jahrhundert das Experiment des Ordenslebens. Zu nennen ist da vor allem Antonius der Einsiedler. Das zentrale Anliegen des christlichen Ordenslebens ist in dieser Situation etwas höchst Revolutionäres, will es doch eine Reaktion auf die Vereinnahmung der Kirche durch das römische Reich sein. Die ägyptischen Christen sagen: »Damit wollen wir nichts zu tun haben. Wir lassen uns doch nicht vereinnahmen!«

Was die Mystik dreihundert Jahre am Lodern gehalten hatte, war vorbei: Verfolgung und drohender Tod. Was konnte das eine und das andere ersetzen? Man mußte nach Gleichwertigem suchen. An der Stelle des Gefängnisses sah man die Höhle, an der Stelle des Dämons die Versuchung, an der Stelle der Folter die Abtötung und an der Stelle des Todes, der ja die Blutstaufe bedeutete, die Ekstase, die einen in dieser Welt immerhin nahe an die Erfahrung des Göttlichen, der Transzendenz und der Dreifaltigkeit zu bringen vermochte.

Das Mönchstum, das in diesem Augenblick in der Kirche entsteht, will die Leere füllen, in die die Kirche geraten war, als sie sich dem Reich anpaßte. Es will die Verbürgerlichung der Institution in Frage stellen. Doch nach und nach rationalisierte das Mönchswesen das Experiment des Ordenslebens als Eigenwert, abgehoben vom Bezug zur Welt und abseits der Dynamik von Verfolgung und Verkündigung des Reiches Gottes, und verstand sich als asketische Schule an sich, die dann später zu den Skandalen (Skandalen, natürlich in unseren

Augen, weil man in der entsprechenden Zeit das Ganze für eine absolut vorbildliche Sache hielt) solch gewaltiger Klöster wie der von Cluny führte: Die Fürsten ringsum konnten den Abt nur beneiden, der in der Regel selbst Fürst war, solch riesige Besitztümer gehörten zu den Klöstern. Doch in der Abgeschiedenheit seiner Zelle war er Mönch — mit einem Nagelgürtel um den Leib, der ihm die Haut zerrieb. Diese Art von Askese wurde weder in Nächstenliebe noch in sozialer oder politischer Auswirkung fruchtbar. Solipsismus, das heißt: eine Art von spirituellem Narzismus, hatten wir das Ganze bereits genannt. So zählte der Mönch: »Heute habe ich noch einen Nagel hinzugefügt. 113 sind es inzwischen ...« Und bei Tisch fragte er: »Was für Werke der Buße hast du diese Woche getan?« »Diese Woche habe ich bloß trockenes Brot gegessen.« »Und ich nicht einmal Brot.« Wir haben die Dinge karikiert, um zu zeigen, wie sie Schritt für Schritt zum Eigenläufer wurden, ohne Bezug im Sinn von Evangelium und Reich Gottes zu Mitmensch und Gesellschaft. Für Ordensleute wie uns Dominikaner, die wir die Regel von unserem Guru, Patron und Schutzheiligen, dem heiligen Augustinus, bekommen haben, verschärft sich die ganze Entwicklung noch einmal.

Mir will nicht in den Kopf, wie jemand erfolgreich sein — oder ihr — Psychologiestudium abschließen kann, ohne Augustinus gelesen zu haben. Augustinus ist der klarste Fall eines Freudianers, den die christliche Tradition je gesehen hat. In Ermangelung eines Psychoanalytikers schrieb Augustinus ein Buch mit dem Titel ›Bekenntnisse‹. Es lohnt sich wirklich, die ›Bekenntnisse‹ einmal zu lesen. Erstens sind sie absolut ehrlich, ein schonungsloses Zeugnis seines Lebens. Und zweitens vermitteln sie uns einen Einblick in den Kopf des Kirchenvaters als des ersten Kindes getrennt lebender Eltern, wie wir Christen und Christinnen alle noch heute

Kinder getrennt lebender Eltern sind: des griechischen Dualismus und des auf Einheit gestimmten hebräischen Denkens. Dieses kennt keine Trennung zwischen Leib und Seele, zwischen Fleisch und Geist, zwischen Welt und Himmel. Der Hebräer hat ein so starkes Einheitsdenken, daß Abstraktion in der hebräischen Epistemologie die Ausnahme ist — und nicht die Regel. Wenn er sagt, er habe etwas erkannt, dann heißt das, er habe es erfahren. Die Sache ist so, wie wenn jemand aus dem einfachen Volk fragt, ob sie, ob er dies oder das wisse. Fragst du jemanden, ob er, ob sie einen Kuchen backen könne, und du kriegst zur Antwort ›Ja‹, dann heißt das, die betreffende Person hat das schon mal gemacht. Einfache Leute reden anders als wir Intellektuellen. Unsereiner sagt: »Finnland! Finnland kenn' ich ganz genau ... über Finnland hab' ich mindestens ein Dutzend Bücher gelesen, aber dagewesen bin ich noch nie.« Das Wissen einfacher Menschen — wie das Wissen in der Bibel — ist erfahrenes und nicht begriffliches Wissen.

Diese hebräische Tradition ging nun ins Bett mit griechischem Denken; und wir Christen sind Kinder dieser Eltern, deren Ehe jedoch nie glücklich wurde. Nie wurden die beiden eine Herz und eine Seele, nie ein Leib. Vielleicht ist Augustinus der erste große Beleg dafür. Sein Bemühen geht nämlich dahin, auf der Grundlage griechischer Philosophie und mit der Vorstellung im Kopf, die Seele müsse sich vom Leib befreien, die christliche Theologie neuzuformulieren. Je besser es uns gelingt, den großen Feind, das heißt: den Leib, in Schach zu halten, desto besser kann sich die Seele nach Gott ausstrecken. Der Dämon agiert mit Hilfe des Körpers, vor allem mit dem Körper der Frau. Festgesetzt hat sich der augustinische Dualismus in der christlichen Lehre als Dialektik zwischen Eva und Maria. Danach kam durch Eva die Sünde in die Welt, durch Maria wurde die Sünde besiegt. Eva ist die Geschlechtlichkeit, Maria ist geschlechtsfrei. Maria hat nicht nur von Gott — schon lange nicht von einem Mann! — empfangen, sondern sie blieb auch, als sie selbst empfangen wurde, von der Erbsünde verschont — und bei ihrer Entbindung Jungfrau. Dahinter steckt offensichtlich die Vorstellung, Sexualität stehe in Verbindung mit der Sünde, und da spiele Eva eine besondere Rolle. Aber warum gilt Eva als böse Frau? Weil Eva es zu tun hat mit Leben, Erde und Fortpflanzung. Eva wagte es, im Angesicht des Mannes und Gottes eine Wahl zu treffen. Nur: Kann denn eine Frau überhaupt wählen? Natürlich nicht. Denn die Frau im eigentlichen Sinn ist ja Maria, die Magd: »Ich bin die Magd des Herrn . . .!« Und Maria bewahrte alles, was geschehen war, in ihrem Herzen, untertänig, gefügig.

Für Augustinus ist die Ehe »ein geduldeter Stand der Sünde«. Über Jahrhunderte wurde diskutiert, ob die Seele der Frau der des Mannes ebenbürtig sei, und bis heute sind nicht alle Zweifel daran verstummt. Daß Maria prophetische Züge trägt, insbesondere wenn sie das ›Magnifikat‹ singt, hat die ganze Überlieferung aus dem Auge verloren. Die Frau, welche die Reichen mit leeren Händen davonschickt, den Hungrigen zu essen gibt und die Mächtigen von ihren Thronen stürzt . . ., diese prophetische Seite an Maria ist schlichtweg in Vergessenheit geraten. Statt dessen hat man sich eine Maria nach dem Geschmack einer patriarchalen, machistischen und autoritären Macht, die auch heute noch in der katholischen Kirche die Norm ist, zurechtgemalt und zurechtgeschminkt.

Ende des fünften Jahrhunderts gewinnt Pseudodionysius insofern einen großen Einfluß, als er zum einen die augustinische Spiritualität differenziert und zum anderen die große Wende in der christlichen Spiritualität unter Gregor dem Großen im sechsten Jahrhundert vorbereitet. Schüler des heiligen Benedikt und selbst Benediktiner, vermöncht Gregor der Große die gesamte

Kirche. Der Gedanke ist, die Kirche müsse ein großes Kloster sein und alle Christen und Christinnen hätten dem Beispiel von Mönchen und Nonnen zu folgen. Der Papst sei der Abt des Ganzen. Spuren dieses Kirchenbildes sind bis heute zu beobachten.

Jahrhunderte lang gab es in den Orden nicht einen Schimmer von Demokratie. Der Abt, einmal von der Kommunität gewählt oder vom Papst bestimmt, war und blieb Abt sein Leben lang. Alles lief von oben nach unten, Partizipation der Gemeinschaft kannte man nicht. Im Mittelalter, seit dem neunten und zehnten Jahrhundert, tritt unter dem Einfluß Kassians die spekulativ-gnostische Spiritualität (der zufolge man durch Erkenntnis zu Gott gelange) zugunsten einer mehr auf Frömmigkeit abzielenden Spiritualität zurück. Fortan basiert die Spiritualität nicht mehr auf der Philosophie, sondern auf der Frömmigkeit — und sucht sich ihre Motive in Symbolen wie Prozessionen, Kreuzwegandachten, Reliquien u. ä. In dieser Umbruchphase zwischen dem neunten und elften Jahrhundert, in der die Spiritualität eines Franz von Assisi herankeimt, bereiten nicht mehr spekulative Erkenntnisse und abgeschiedene, monastische Askese den Weg zu Gott, sondern Devotion, Nächstenliebe und helfende Zuwendung. Oder mit einem Wort: Die Spiritualität steigt vom Verstand hinab ins Herz.

Während des elften und zwölften Jahrhunderts sieht das Hochmittelalter eine zutiefst affektive Spiritualität sich anbahnen: Franz von Assisi entdeckt die Liebe zur Natur, zu den Armen, zum Nächsten. Zugleich hat er Mitleid mit dem leidenden Jesus. So zeichnen sich eine neue Form oder ein neues Profil von Spiritualität ab: eine Spiritualität voller Leidenschaft. Diese neue Spiritualität ist auch eine Sache für Laien, die keine Theologie studiert haben und die griechischen und lateinischen Kirchenväter nicht kennen, dafür aber Gefühle und Emotionen zulassen, sich in Jesus hineinversetzen können und Parallelen sehen zwischen ihrem eigenen Weg und dem Weg des Herrn. So sieht auch Leonardo Boff in seinem Buch ›Zärtlichkeit und Kraft‹[22] Franziskus und zeichnet ihn als Kind des beginnenden Kapitalismus. Der Vater, Pietro Bernadone, hatte eine Tuchmanufaktur und importierte diesbezügliche Rohstoffe aus der damaligen Metropole, sprich: aus Frankreich. Das ist auch der Grund, weshalb er seinem Sohn den Namen *Francesco* gab, das heißt: *der, der aus Frankreich kommt*. Ähnlich, wie wenn heute jemand seinen Sohn Clinton nennen würde, zu Ehren des Reiches.

Als Franz, intuitiv und affektiv, wie er war, sich auf dem Marktplatz von Assisi entkleidete, war seine Gebärde mehr als bloße Entäußerung. Sie war ein Nein zum kapitalistischen System, das da in der italienischen Manufaktur am Entstehen war und das Güter produzierte zu Lasten sich anbahnender kollektiver Verarmung. So haftet der Nacktheit, in der sich Franz öffentlich in Assisi zeigt, eine politische Aussagekraft an, insofern sie eine Abfuhr dessen ist, was das System da zuwege bringt.

Im 13. Jahrhundert setzt eine Systematisierung der Mystik ein. Bis dahin hatte Mystik zum einen Gnosis und zum anderen affektive Erfahrung bedeutet, aber eine theologische Durchdringung oder eine systematische Erarbeitung dieser Erfahrung, ganz zu schweigen von einer Darlegung in Buchform, hatte es bisher nicht gegeben. Da und dort, wie bei Origenes, war das Thema in den Werken angeklungen, aber niemand hatte daran gedacht, ein Handbuch über Askese oder einen Traktat über Mystik zu schreiben. Erst Albert der Große, Thomas von Aquin und Bonaventura beginnen damit, die Erfahrung systematisch aufzuarbeiten.

[22] *Boff, L.*, Zärtlichkeit und Kraft. Franz von Assisi, mit den Augen der Armen gesehen, Düsseldorf 1983, ⁶1994.

Thomas von Aquin, wiewohl nicht der deutschen Mystik zuzurechnen, geht davon aus, daß im Zentrum unserer selbst Gott wohnt. Je mehr ich mir selbst begegne, desto mehr begegne ich einem Anderen, der nicht ich selber bin, begegne ich dem wahren göttlichen Ich. Gott ist gegenwärtig im Mittelpunkt der Seele. So entsteht die Idee der göttlichen Immanenz, will sagen: was wir Seele nennen, sei das Antlitz Gottes in unserem tiefsten Inneren. Unser Wesen ist göttliches Wesen. Dem göttlichen Wesen begegne ich um so mehr, je mehr ich im Blick in mich selbst versinke. Die Vorstellung des Thomas paßt nicht zur lateinischen Spielart der Mystik, in der es eher um Ekstase und Emotionen geht. Anders die deutsche Mystik. Introspektiv, wie sie ist, neigt sie weniger zur Ekstase. Wie der mystischen Theologie des Buddhismus oder Indiens insgesamt liegt ihr vielmehr an der Enstase. Enstase ist Einkehr in sich selbst, wachsende Entäußerung seiner selbst. Dabei möchten enstatische Männer und Frauen nicht nur die totale Freiheit gegenüber dem Körper, sondern auch die völlige Nacktheit des Geistes. Geist und Sinn, Gefühle und Emotionen dürfen nicht an der geringsten Äußerlichkeit haften bleiben. Ist das erreicht, kann Gottes Geist in uns überfließen.

Der Gedanke läßt schon das Bild anklingen, das im 16. Jahrhundert Johannes vom Kreuz braucht: das vom Fenster und von der Sonne. Gott ist gleichsam die Sonne, die unterschiedslos allen scheint, in gleißender Fülle. Jeder von uns ist ein Fenster. Doch einige haben eine Gardine davor, die so dicht ist, daß die Sonne nicht hindurch kann, auch wenn sie gegen die Scheibe scheint. Bei anderen ist das Fenster verstaubt und verschmutzt. Wieder andere haben auf ihrer Scheibe ein paar saubere Streifen, so daß die Sonne ein bißchen hindurch kann.

Wenn man die Scheibe putzt, verändert sie sich nicht. Nur in ein sauberes Fenster kann die Sonne mit einer solchen Freiheit einfallen, daß, wer in ihre Richtung schaut, nichts als das Licht der Sonne sieht. Das Bild vom Putzen des Fensters soll sagen: Wir haben uns jeder Form mentaler, physischer und geistiger Anhänglichkeit zu entkleiden, soll Gott der Souverän in unserem Leben sein.

Im 14. Jahrhundert ist Jan van Ruysbroek als großer Mystiker zu nennen. Heute findet das kirchliche Lehramt an dem Flamen besonders deshalb Gefallen, weil er die Mystik mit den Sakramenten verbindet und weil die Sakramente bzw. das Sakramentenmonopol in der Hand der Priester die Vorherrschaft des Klerus festigt, die mit Trient später zu ihrem Höhepunkt gelangt. Zeitgleich mit der Renaissance schreibt das Konzil von Trient die Klerikalisierung der Kirche fest und fängt damit die Macht des Mönchstums ein. Ruysbroek vertritt eine sakramentale und trinitarische Spiritualität auf der Linie der Nächstenliebe. Damit beeinflußt er die Mystiker in ganz Europa, namentlich Johannes vom Kreuz und Theresia von Avila. Der eine wie die andere sind für unser Verständnis von Mystik heute zentral, und zwar aus einem einfachen Grund. Die Renaissance markiert das Ende des kosmologischen und den Beginn des anthropologischen Weltbildes. Die Renaissance holt die Achse unseres Verstehens vom Himmel auf die Erde herab.

Eines der schönsten Dokumente der Renaissance ist die Decke der Sixtinischen Kapelle im Vatikan. Was Michelangelo dort malt, faßt genial das Revolutionäre dieser Zeit zusammen. Das ganze Mittelalter über war Gott der Mittelpunkt gewesen, die Theologie die Königin der Wissenschaften und der Papst der König. Die Renaissance stellt die Welt auf den Kopf. Europa zerfällt. Luther tritt auf den Plan. Die Fürsten akzeptieren nicht mehr die Macht des Papstes. Alles, was das Mittelalter unterdrückt hat, betont, erhebt und preist die Renaissance. Man denke nur an die Üppigkeit des menschlichen Körpers.

In der Sixtinischen Kapelle ist der Mensch, den Gott geschaffen hat, nackt. Michelangelo malt, wie der Finger Gottes — und Gott in seiner ganzen Größe, seiner ganzen Macht, seiner ganzen Autorität und Souveränität — gerade den Menschen schafft. Doch der Mensch ist genauso hoheitsvoll wie Gott. Nur, daß Gott ganz eingehüllt ist, während der Mensch völlig nackt daliegt. Sehr bezeichnend ist auch die Bogenbewegung, die der Körper des Menschen beschreibt. Michelangelo ist es gelungen, in die Bewegung das ganze Gedankengut der Renaissance zu legen: die Spannung zwischen dem Körper, der in Richtung Erde gehen muß, und dem Finger, der Hand und der Berührung, die ihre göttliche Energie nicht verlieren darf. Das Ganze ist, als ob jemand betrunken wäre von der Erde, zugleich aber nicht die Bindung an Himmel, Gottheit und Transzendenz kappen will.

Johannes vom Kreuz[23] und Theresia von Avila stellen Gott in der Höhe in den Mittelpunkt des menschlichen Herzens. Für die beiden muß nicht mehr der Mystiker zu Gott im Himmel gelangen. Gott ist schon da, wir haben uns ihm nur zu öffnen und ihn einzulassen in die innerste Kammer unseres Herzens. Die Vorstellung, Gott sei unerreichbar und könne allein durch die Erkenntnis enthüllt werden, ist der Vorstellung gewichen, Gott sei die Liebe und gieße sich — wie das Bild von der Sonne zeigt — in den Menschen aus. Wir brauchen nur das Herz zu öffnen, um die Liebe zu verkosten.

[23] Anm. des Übersetzers: Dazu, daß die spanische Mystik und insbesondere Johannes vom Kreuz in der lateinamerikanischen Theologie der Befreiung nicht unbekannt sind, vgl.: *Gutiérrez, G.,* Aus der eigenen Quelle trinken. Spiritualität der Befreiung, München-Mainz 1986, 94–101. (Das peruanische Original datiert aus dem Jahre 1983.)

Erotische Bilder setzen einen deutlichen Akzent auf die spanische Mystik: genießen, verkosten, Gemach, Geliebter. Der herrliche Vers des Johannes vom Kreuz:

> Nacht, süßer als der Morgen,
> hast Herz zu Herz gebracht,
> hast uns in Lieb' geborgen,
> mich im Geliebten, ihn in mir verborgen,[24]

geht von der Idee der Vermählung aus. Die Seele verschmilzt mit Gott wie in einer Vermählung. Damit aktualisiert der Spanier sozusagen die Begrifflichkeit des ›Hohenliedes‹, das ja wohl der mystischste Text in der ganzen Bibel ist. Das Bild von der Vereinigung des Menschen mit Gott ist das Bild eines verliebten Paares. Doch gerade weil Theresia von Avila und Johannes vom Kreuz alles dies wieder mit Leben erfüllten, empfand man sie als bedrohlich. Johannes vom Kreuz wurde von seinen eigenen Mitbrüdern neun Monate in einer dunklen, stinkenden Zelle gefangen gehalten, und die Kirche spielte ihm sein Leben lang böse mit. Über Theresia von Avila schrieb der Nuntius in Spanien in einem Brief: »Diese Frau ist eine ungehorsame Eigenbrödlerin und steht im Verdacht der Hexerei.« Wäre sie nicht eine geschickte Politikerin gewesen — beeindruckend, wie sie mit Hilfe guter Theologen ihrer Zeit mit kompliziertesten Situationen fertig wurde —, wäre sie ohne Zweifel auf dem Scheiterhaufen gelandet.

Manch ein Mystiker, der heute als Irrlehrer gehandelt wird, war in Wirklichkeit ein Mystiker, stellte aber die Macht solchermaßen in Frage, daß diese sich gezwungen sah, ihn auszuschließen. Denn entweder bekehrt sich die Macht — was jedoch ein seltenes Wunder ist —, oder sie setzt den, der sie bedroht, vor die Tür. So haderte zum Beispiel Katharina von Siena mit den Päpsten. Ihr Glück

[24] *Johannes vom Kreuz,* Aufstieg zum Berge Karmel, München ⁷1983, 3.

war, daß sie Analphabetin war. Hätte sie auch nur ein wenig lesen und schreiben können, hätte man sie womöglich auf den Scheiterhaufen gebracht. Kein Geringerer als Meister Eckhart wurde der Häresie verdächtigt. Gegenwärtig strengen die Dominikaner bei der römischen Kurie einen Prozeß an, um ihn zu rehabilitieren. Der Vatikan soll zugeben, daß im Fall Meister Eckhart die Häresiebeschuldigungen grundlos sind.

Im 16. Jahrhundert kommt es zu einer neuen Richtung in der Mystik, die sich an Ignatius von Loyola orientiert. Inzwischen war die Sorge laut geworden, die katholische Mystik — fortan reden wir nicht mehr von christlicher, sondern von katholischer Mystik, weil mittlerweile die Einheit der Christen in Katholiken, Protestanten und Orthodoxe zerbrochen ist — sei deutlich beeinflußt vom sogenannten Quietismus. Quietismus besagt, der Mensch könne dank seiner eigenen Askese zur Gemeinschaft mit Gott gelangen. Der Quietist vernachlässige das Gnadenhandeln Gottes, so wie die christliche Lehre es stets betont habe. Danach macht der Mensch mystische Erfahrungen nicht aufgrund eigenen Bemühens, obwohl dieses auch wichtig ist, sondern weil er sich dem Urheber und eigentlichen Grund der mystischen Widerfahrnis, das heißt der Gnade Gottes, öffnet. Der Quietismus wurde des Psychologismus beschuldigt. So gab es Menschen, die sich für Mystiker und ausgesprochen spirituell ausgaben, in Wirklichkeit jedoch nur auf psychologische Irrwege, weitab der gesunden Lehre geraten waren. Selbst sexuelle Praktiken fehlten nicht bei diesen Verirrungen. Man erinnere sich nur an den Film ›Die Nonnen‹ oder lese das Buch ›Graue Eminenz‹ von Aldous Huxley über eine Ordensoberin, die Ekstasen hatte und sich bald von der Gegenwart Gottes erfüllt fühlte, bald als Werkzeug des Dämon verstand, bis Wahnsinnsanfälle sie schließlich überkamen. Konsequenz: Fortan unterliegen die Mystik in der Kirche und vor allem die Methoden der Meditation einer rigorosen Kontrolle durch die ekklesiastische Macht.

Das Bedürfnis, sich von Bildern, Haftpunkten und Phantasien innerlich zu befreien, stammt aus der östlichen, vor allem indischen Tradition und ist erheblich älter als das Christentum. Zu nennen ist da insbesondere ein großartiges Buch aus dem dritten Jahrhundert v. Chr.: ›Die Bhagavadgita‹[25] erzählen die Geschichte von Krishna und Ardjuna, einem Krieger, und handeln von dem Freundschaftsverhältnis der beiden zueinander, das für unsere Beziehung zu Gott steht. Das Buch atmet eine Atmosphäre der Gerechtigkeit. Wer es liest, gewinnt den Eindruck, ganze Sätze daraus seien später in die Griechische Bibel eingegangen. Gemeinsame Züge in der Spiritualität des Zweiten Testaments und der ›Bhagavadgita‹ sind unübersehbar.

Doch die Kirche lehnt das innere Leerwerden auf der Ebene der Taktik, nicht der Lehre, ab. Sie beginnt, den Wert der Meditationen nach Art des Ignatius von Loyola für sich zu entdecken. Diese aber stopfen den Menschen den Kopf voll von Bildern und wollen die Sinne ansprechen. So soll man zum Beispiel den Geschmack Jesu verkosten, das Antlitz Jesu berühren und jede Szene des Evangeliums sehen können. Die Kirche begünstigt Sinne und Emotionen, um nicht akzeptieren zu müssen, daß es eine Spiritualität oder Mystik ohne rechtgläubige Lehrinhalte gibt. Mystik ja, aber nach Maßgabe des römischen Katechismus. Außerhalb des römischen Katechismus bleibt nur der Verdacht.

Mit Beginn des 16. und 17. Jahrhunderts gründen die Mystiker der Kirche — Franz von Sales, Alfons von Liguori und viele Frauen wie etwa Angela von Foligno,

[25] Die Bhagavadgita. In der Übertragung von Sri Aurobindo. Mit einer Einführung von Anand Nayak (Herder/Spektrum Bd. 4106), Freiburg-Basel-Wien 1992.

letztere allerdings schon früher — entweder Kongregationen oder sind spirituelle Beispiele für bestimmte Ordensfamilien, wie Therese vom Kinde Jesu. Mystiker sind fortan weder Menschen in der Welt, das heißt Laien, noch Männer und Frauen, die Kräfte der Erneuerung zeigen, wie Theresia von Avila und Johannes vom Kreuz, die es auf einen Bruch mit der Tradition der Karmeliten ankommen lassen. Gelten läßt die Kirche Mystiker, anerkennt sie offiziell und kanonisiert sie gar, wenn sie Beispiele sind, die die Institution bekräftigen. In Verdacht hingegen gerät eine spirituelle Form dann, wenn sie nicht die Institution oder die klerikale Macht bestätigt; das gilt insonderheit für Initiativen von Laien. Ausnahmen sind selten. Nennen könnte man als Beispiel allenfalls Charles de Foucauld, einen Mystiker des 20. Jahrhunderts, der uns — auf der Linie der Option für die Armen — die Erfahrung einer überaus reichen Spiritualität hinterlassen hat, aus politischen Gründen aber bis heute nicht kanonisiert worden ist.

Darüber hinaus kennen wir einige Fälle von ekstatischen Phänomenen, von Begegnungen mit dem Göttlichen in unserem Jahrhundert. Da ihnen jedoch unübersehbar die Ideologie der Macht anhaftet, können wir sie nur mit mißtrauischen Augen betrachten. Speziell spreche ich hier von den Visionen, die — fast ausnahmslos — Menschen vom Lande in vom Kommunismus bedrohten Staaten von der Mutter Gottes hatten. Immer erscheint Maria gegen den Kommunismus. So in Fátima, im damaligen Jugoslawien und in Nikaragua, und hier auf dem Höhepunkt der Auseinandersetzungen zwischen Bischöfen und Sandinisten. Wie wäre es da, wenn die Mutter Gottes auch mal vor den Werkstoren von ›Volkswagen‹ oder vor den Verschlägen des Landgutes ›Ipanema‹ erschiene, um gegen den Großgrundbesitz Stellung zu beziehen? Aber die Gnade ist uns noch nicht zuteil geworden. Diese Art von ekstatischen Phänomenen, welche im Mittelalter von der Institution verdächtigt wurden, finden heute deren Aufmerksamkeit und Wertschätzung, insofern sie ja zur Untermauerung der institutionellen Macht beitragen.

Katholiken tragen in der Regel auch heute noch ein zutiefst dualistisches Modell von Spiritualität in sich, zumal aus vielen Verlautbarungen des kirchlichen Lehramtes das platonische Verständnis des in Körper und Geist geteilten Menschen noch immer deutlich herauszuhören ist. Überdies trennen Katholiken in ihrer Spiritualität scharf zwischen Gebet und Aktion. So hätten die einen, hören wir, eine Berufung zum aktiven Leben und die anderen zum beschaulichen Dasein. Wer eine Berufung zum aktiven Leben hat, steht in der Welt, heiratet und setzt sich tätig ein. Aktive Orden kümmern sich um die Armen, unterhalten Schulen und engagieren sich sonstwo. Männer und Frauen, die dank der Gnade Gottes eine spezielle, bessere Berufung haben, das heißt: kontemplativ Veranlagte, ziehen sich ins Kloster zurück, wo sie sich ausschließlich dem Gebet widmen. Doch solch eine Zweiteilung hat kein Fundament in den christlichen Gründungsurkunden, allenfalls in einer mystischen Tradition, die aus den Weden stammt und eher Hinduisten ansteht.

So mühen wir uns alle um einen Übergang von einer Spiritualität des Mißtrauens gegenüber der Welt, des Trostes, der Entsagung, der Identifikation mit dem Leiden Jesu, der Sühne und des individuellen Heils hin zu einer Spiritualität des Engagements, der Veränderung der Welt, des neuen Menschen — als Mann und als Frau —, der neuen Gesellschaft und des Reiches Gottes als der Hauptherausforderung, ohne daß uns in jedem Fall die Synthese wirklich gelungen wäre. Aber wir sind ja auch die erste Generation, die in der Spannung zwischen den beiden Polen steht. So ist es nur normal, daß wir uns in der Dialektik noch schwertun mit der Synthese.

Manchmal bleiben sogar Konflikte nicht aus: Bald haben wir intensive Phasen des Gebetes und der Besinnung, bald Strecken des Engagements und des Kampfes, ohne daß wir es fertigbrächten, die beiden Seiten zu integrieren. Mitunter habe ich den Eindruck, wir lebten in zwei verschiedenen Sphären und müßten zwischen den beiden hin- und herpendeln. So entsteht dann das Bild: Auf der einen Seite stehen in der Kirche die Leute von der Befreiungstheologie, von der Pastoral mit dem armen Volk, die Aktiven und die Weltveränderer und auf der anderen Seite die Leute von der charismatischen Bewegung und solche, die es lieber mit Gebet, Mystik und Kontemplation halten.

Transparenz: Grunderfahrung

Leonardo Boff

Das Phänomen der Mystik kennt weder Religion noch Heimat. Es hat seine Heimat in allen Religionen. Überall haben spirituelle Meister die große Reise und — dabei — radikale Erfahrungen gemacht. Daraus entstanden dann all die religiösen Ausdrucksformen, die ihre Kraft bis auf den heutigen Tag nicht verloren haben. Selbst im Islam, der ja eine der wenigen politischen Religionen ist — insofern der Koran zugleich ein religiöses Buch und eine Art Verfassung darstellt und die religiöse Politik in eins fällt mit der profanen Politik —, gibt es einen ganzen mystischen Strang. Bekannte Namen sind Averroes (1126–1198) und Avicenna (980–1037) — neben zahlreichen anderen großen Meistern im 13., 14. und 15. Jahrhundert.

Thomas von Aquin, Bonaventura, Duns Skotus und Wilhelm von Ockham hatten, abgesehen von den griechischen Philosophen Platon und Aristoteles, in den großen arabisch-muslimischen Meistern ihre Gesprächspartner. Diese waren bedeutende Mystiker und hinterließen der Nachwelt nicht nur spekulative Bücher, sondern auch ein ganzes Netz von Klöstern. Bis heute begegnen Menschen dort — in der Mitte ihrer Existenz — Allah, der, so sonderbar es klingt, der Gott der Armen, Nomaden und Pilger ist — aber auch der Gott jener Wüstenbewohner, welche die Wüste als Weg der inneren Reinigung verstehen.

Dies ist der ursprüngliche Kern der Religionen, der damit alle Kulturen und Religionen übersteigt. Wir leben heute in einem Prozeß der Mundialisierung nicht nur der Wirtschaft, der Wissenschaft und der Technik, sondern auch der Spiritualitäten und der kulturellen Werte. Deshalb kommt es darauf an, daß wir in Kontakt kommen mit all diesen großen geistigen Überlieferungen. Sie alle sind aufgerufen, ihren Beitrag dazu zu leisten, daß der größte Schatz, den Menschen haben, bewahrt bleibt: die Fähigkeit nämlich, über Welt, Raum und Zeit hinauszuwollen, ihren Traum nach oben, in Richtung auf die Begegnung mit der Gottheit, Wirklichkeit werden zu sehen und all die Erfahrungen, die die Menschheit in Berührung mit dem Heiligen und Göttlichen gemacht hat, einlösen zu können. Das Heilige haftet nicht an irgendwelchen Gegenständen, an Altären, an der Eucharistie, an heiligen Büchern oder an geweihten Personen. Das Heilige ist die Tiefe, die jeder Mensch in sich trägt, der Geheimnischarakter, den jedes Sein der Schöpfung ausstrahlt. Und alles, was heilig ist, bewegt uns zu Ehrfurcht und Verehrung und veranlaßt uns, auf Distanz zu gehen zu all den manipulierenden Kräften, die es einfangen wollen in das Gehege ihrer menschlichen Interessen, womit religiöse Institutionen und politische Mächte ebenso gemeint sind wie all die Schwindler, die aus dem Heiligen ein gewaltiges Geschäft machen. Wer den Menschen mit seinem Bedürfnis nach Mystik und Transzendenz ausbeutet, ihm bloß eine billige Ware anbietet und ihn damit hinter das Licht führt, weil diese ja nicht sein Verlangen nach Erfahrung des Heiligen befriedigt, sondern nur irgend einen oberflächlichen Wunsch, der sich aber schon bald wieder meldet, weil der Hunger des Menschen auf Begegnung mit Gott unvergleichlich größer ist, ... der versündigt sich gegen die Religiosität des einfachen Volkes.

In der Hebräischen Bibel[26] sagt einmal ein Prophet, die größte Strafe, mit der Gott ein Volk treffen könne,

[26] Es sei noch einmal daran erinnert (vgl. Anm. 5): Die christlich-jüdische Ökumene veranlaßt uns, die traditionellerweise ›Altes Testament‹ genannten Bücher der Heiligen Schrift ›Hebräische Bibel‹ zu nennen. Dementsprechend bevorzugen wir statt des gängigen Terminus ›Neues Testament‹ auch das Pendant ›Griechische Bibel‹.

sei, es nach Gott dürsten, ihn aber nie finden zu lassen. Menschen sind allenthalben auf der Suche nach Gott, begegnen ihm aber nirgends. Das ist die große Strafe. Vielleicht besteht eine der Strafen, die unsere konsumistische, materialistische und dualistische Kultur zu zahlen hat, gerade darin, daß sie spürt, was die Theologen den »Tod Gottes« nennen. Gott spricht nicht mehr. Gott ist zu einer Ware im Supermarkt geworden. Will man ihm begegnen, findet man einen Götzen, der das unendliche Verlangen des Menschen nicht zu befriedigen imstande ist.

Es kommt also darauf an, ein Gespür zu haben für die Wichtigkeit der vielen spirituellen Traditionen und zu lernen, wie man ihren Reichtum übernehmen kann, unabhängig davon, ob es sich um orientalische, buddhistische, zenbuddhistische, abendländische oder lateinamerikanisch-indianische Kulturen handelt. Auf unserem Erdteil erfuhren die Ureinwohner der vorkolumbianischen Kulturen, Aymaras und Ketschuas, Mayas und Inkas den Kosmos als etwas Sakrales. Sie alle vertreten große Kulturen und haben eine große Spiritualität. Oder nehmen wir die afrikanischen Kulturen: Auch sie haben eine mystische Wahrnehmung der Welt, vermittelt durch Haut, Körper und Tanz. Auch in ihnen stecken reiche Schätze, und alle sind religiös gestimmt. Natürlich sind sie nicht westlich. Dafür aber fehlt es keiner an Mystik und Menschlichkeit. Das heißt: Sie realisieren Möglichkeiten, welche Menschen — Männer wie Frauen — in sich tragen. Somit können wir, die wir immerhin auch Menschen sind, den Dialog mit ihnen suchen und von ihnen lernen, die in uns verborgenen meditativen Fähigkeiten zu entfalten. Ihnen gegenüber fühlen wir uns aufgerufen und herausgefordert, auch unsererseits die Reise, die Fahrt über das Meer zu wagen, die sie schon hinter sich gebracht haben.

Die mystische bzw. spirituelle Erfahrung ist an diese Grunderfahrung gebunden. Der gängige religiöse Diskurs gründet auf zwei Kategorien: Immanenz und Transzendenz. Immanenz ist unsere Welt hier — mit Kultur und Politik, mit allem, was wir schaffen und so oder so biegen. Alles, was darüber hinaus geht, ist die Welt der Transzendenz: Gott, Gnade, Jenseits, Himmel, Reich Gottes, Jesus Christus. Die Theologie sagt: Gott steht auf beiden Seiten. Gott ist immanent. Zum einen ist er hier in der Welt, im Herzen der Dinge. Dank seiner persönlichen Erfahrung kann Augustinus sagen: *Deus intimior intimo meo — Gott ist meinem Inneren näher, als ich selbst in mir wohne.* Ignatius indes geht von der anderen Erfahrung aus: *Deus semper maior, superior summo meo — Gott ist immer größer und übertrifft alles, was ich mir als groß vorstellen kann.* Gott steht auf der einen wie auf der anderen Seite.

Die institutionalisierte Religion operiert mit einem tiefgreifenden Dualismus. Sie verkennt die mystische Erfahrung. Mystiker sagen: »Gott ist hier *und* dort. Kein Raum, der nicht von ihm erfüllt wäre.« Die übliche Katechismusreligion und der offizielle Diskurs der Kirchen dagegen lauten: »Nein, Gott ist immer auf der anderen Seite. Gott ist immer das Jenseits, Gott ist der Himmel. Gnade ist das Übernatürliche. Wir befinden uns im Natürlichen. Göttliche Liebe versus menschliche Liebe.« Hier die Seele mit ihrer Bestimmung in der Ewigkeit, dort der Körper, ausgeliefert den Kräften dieser Welt, der deshalb auch manipuliert, gefoltert und durch die Medien ausgebeutet werden kann. Der Körper hat keine Transzendenz und folglich auch keine Bestimmung. Wenn er in die Erde des Grabes gesenkt wird, sagt der Volksmund, interessiert er nur noch die Würmer. Im Hintergrund solcher Denkensweise steht die Vorstellung, Gott habe mit der Welt nichts zu tun. Doch ein Gott ohne Welt führt zu einer Welt ohne Gott.

Marxisten sollen gesagt haben: »Wenn Gott im Himmel ist, soll er dort bleiben mit Kirche und Vögeln. Wir halten's mit der Erde. Die gestalten wir ohne Himmel.« Mehr oder weniger so denken die meisten. Sie behaupten, Gott sei nicht erfahrbar, weil er transzendent sei. Gott sei übernatürlich. Zu Gott gelange man nur vermittels des Glaubens. Gott erführen wir nicht; und falls ihn jemand erführe, sei Verdacht angesagt, denn dann könne es sich nur um Phantasie oder Gefühlsduselei handeln. Allenfalls erführe die Person sich selbst, aber nicht Gott.

So kam es, daß sich verschiedene Kirchen zu gewaltigen religiösen Bürokratien entwickelten, mitsamt Sakramentenverwaltern, Gebetsproduzenten und Beauftragten für sakrale Räume. Die Religion wurde zu einem riesigen Instanzengerüst, auf dem es die richtige Stelle zu suchen gilt. Ihre fundamentale Zielstellung, die Grunderfahrung zum Ausdruck zu bringen und den Menschen zu helfen, daß sie sie immer wieder neu machen können, erfüllt sie nur noch selten. Die Religion sollte uns eine Hilfe sein, Gott in uns selbst, in der Gemeinschaft und im Gang der Welt zu entdecken, und uns nicht mit baren Frömmigkeitsübungen zufrieden zu geben: Gottesdienstbesuch, Gebetspraxis, Mitarbeit in der Gemeinde ... Der Punkt, auf den es ankommt, ist, daß die Gläubigen Gott erfahren, Jesus Christus begegnen und sich existentiell betreffen lassen von Gottes Wort — von dem Wort, das Gott heute zu ihnen spricht. Einen Text zu lesen, den man zu Gesicht bekommt und der einem womöglich gar die Welt verstellt, ist da absolut sekundär. Wenn schon Text, dann ein Text, den man im Kopf hat, damit er einem die Welt erhellt und nicht verdunkelt. Die Linken in Brasilien haben oft genug folgendes gemacht: Sie lasen *Das Kapital* von Karl Marx und übersahen dabei, wie das wirkliche Kapital funktioniert. Das Problem ist nicht das Buch mit dem Titel *Das Kapi-*

tal, sondern ist das Kapital mit transnationalem Umlauf, das das arme Volk ausbeutet und unsere gesellschaftlichen Beziehungen ruiniert. Dieses Kapital muß mit Hilfe der analytischen Möglichkeiten, die Marx in seinem Buch *Das Kapital* vorlegt, untersucht und entzaubert werden.

Wie aber soll man herausfinden können, ob und wie sich Gott heute offenbart? Unser Gott ist kein göttlicher Gegenstand — kein hinfälliger Begriff, der besagte, Gott wäre tot, und hätte uns als Erbe ein inspiriertes Buch hinterlassen, das uns von ihm erzählte. Unser Gott ist ein lebendiger Gott, der sich uns auch heute noch mitteilt und gibt. Deshalb haben wir auf die Zeichen der Zeit zu achten. Doch um die Zeichen zu verstehen, haben wir die Zeit zu kennen. Zu fragen ist da zum Beispiel: Was für eine Mechanik bewegt heute denn das weltweit operierende Wirtschaftsgeschehen? Und: Wie sehen denn die politischen Beziehungen zwischen dem Norden und dem Süden aus?

Und wo stehen die Kirchen in dem Ganzen? Haben sie eine prophetische Haltung an den Tag gelegt und die Anklage erhoben? —: »Dies kann doch nicht der Wille Gottes sein! Hier geht es nur darum, daß die Mächtigen des Reiches noch mehr anhäufen wollen.« Aus solchen Worten klänge der Schrei der Unterdrückten. Solche Worte sind stets ein Hinweis darauf, daß die Dinge kaputt sind, nicht mehr dem Plane Gottes entsprechen und infolgedessen prophetisch angeprangert werden müssen. Engagiert bemühten sich dann die Kirchen, zur Veränderung der Lage beizutragen und ihr Wort zu einer guten Nachricht werden zu lassen. Gut ist eine Nachricht dann, wenn sie in Aussicht stellt, daß Menschen Dinge, die schlecht waren, gut machen. Nur so wird aus dem Reden der Kirche eine Frohe Botschaft.

Worin besteht die Grunderfahrung, von der wir sprachen? Sie besteht darin, daß wir Gott weder nur in den

Dingen, die uns zur Hand sind, noch nur in denen, die jenseits unserer selbst liegen, entdecken können. Wir brauchen eine weitere Kategorie, die weder griechisch noch dualistisch, sondern typisch christlich ist. Vor allem bei Pierre Teilhard de Chardin ist sie zu finden: Transparenz[27]. Zwischen der Immanenz, das heißt: der Welt hier, und der Transzendenz, das heißt: dem Jenseits dort, gibt es eine Wirklichkeit, die transparent ist. Im Epheserbrief heißt es sinngemäß: Gott der Vater ist in uns (Immanenz), über uns (Transzendenz) und durch uns (Transparenz). Das Licht erhellt die Welt nicht nur von außen, sondern durchdringt sie auch und macht sie durchsichtig. Transparenz ist die typisch christliche Kategorie, die sich dem Geheimnis der Inkarnation verdankt. Gott wohnt in unzugänglichem Licht, ist also transzendent. Doch er sucht die Nähe der Welt, ja begibt sich in die immanente Welt, in die Welt unserer Alltäglichkeit, unserer unmittelbaren, erfahrungsmäßigen Beziehungen. Er, der der Ferne war, wird der Nahe, wird unser Bruder, unser Weggefährte.

Das bedeutet: Das Fleisch, das er annahm, und die Gefühlswelt, in die er einstieg: sein heiliger Zorn, sein zärtlicher Umgang mit Armen und Kindern und seine Offenheit für Gott, die ihn Gott sogar »Väterchen« nennen ließ, ... alles das, was wir konkret an ihm sehen, wird transparent. Transparent heißt: Was uns bisher entglitt, wird faßbar. Deshalb kann Jesus sagen: »Wer mich gesehen hat, hat den Vater gesehen« (Joh 14,9). Jesus ist der Spiegel, der uns Gott, der unsichtbar war, nahe bringt. Die ganze Geschichte Jesu ist sakramental und transparent. Das Menschsein Jesu ist wie unser Menschsein, mit all seinen Grenzen, Ängsten und Er-

[27] Vgl. *Goldstein, H.*, Leonardo Boff. Zwischen Poesie und Politik, Mainz 1994, 32–34. 132–133.

wartungen. Deshalb kann er sich freuen und weinen, und als er sieht, wie hart die Menschen sind, gerät er in Zorn. Alles das ist menschlich. In dieser Menschheit, nicht außerhalb ihrer und nicht trotz ihr, sondern innerhalb ihrer hat sich Gott geoffenbart. Mit seinem wahren Namen — so, wie er ist. Der Gott Jesu baut sich nicht als großer Herr auf, der Distanz, Respekt und Ehrfurcht verlangte. Der Gott Jesu wird zum Bettler. Er bittet darum, an einen herangelassen zu werden. Jedem Menschen, und sei er noch so bescheidener Herkunft, möchte er zum Greifen nahe sein. Was wir als unsere Wirklichkeit betrachten: Welt, Geschichte und Kosmos, wird in der Berührung durch die Gottheit transparent und sakramental. Wenn wir auf die Welt schauen, erahnen wir Gott in ihr. Vermittels der Welt und mit der Welt erfassen wir Gott.

Gott erfassen heißt: ihn auf unmittelbare Weise in allen Dimensionen des Lebens erfahren, und zwar nicht nur in einigen herausragenden, wenn man sich zum Beispiel im sakralen Raum einer Kirche aufhält, die Bibel liest, die Kommunion empfängt oder im Gebet versenkt ist. Gott erfahren Glaubende, wo immer sie sich befinden: ob auf der Straße, wenn sie die belastete Luft atmen, ob sie ein Bier trinken und lustig sind, ob sie sich in einem Elendsviertel engagieren oder einen Text zu verstehen suchen, mit dem sie gerade befaßt sind. Das heißt Gott erfahren in allen Dingen; denn Gott ist sozusagen unter alles dies vermengt oder in alles dies eingetaucht. Dann sind jeder Raum und jede Lage zur Genüge reich und gut, daß man Gott erfassen und sagen kann: »Gott ist mit uns auf dem Weg.« Das wollte der biblische Gottesname ›Ich bin der »Ich bin da«‹ (Ex 3,14) zum Ausdruck bringen. Es geht also darum, dieses zu erleben und diese ursprüngliche Erfahrung zu machen. Diese muß dann vermittelt und immer wieder aufs neue in Diskurse, Feiern, Worte, Texte und Symbole, in eine ›Land-

Wallfahrt‹[28] oder in ein Gemälde übersetzt werden ... Das Proprium des Mystikers besteht darin, unermüdlich danach zu schauen, was hinter den Dingen liegt, was sie ausmacht und was sie trägt. Mystische Menschen bleiben nicht an den Dingen kleben, sondern erkennen in ihnen Symbole, Zeichen, Bilder und Sakramente.

Für Menschen, welche Gott auf diese Weise erfahren, ist die Welt eine einzige große Botschaft. Da ist der Beitrag des Zenbuddhismus wichtig. Und worin besteht die Grunderfahrung des Zen? Als ein Schüler mal den Meister fragte: »Meister, was ist das Tao? Was ist die Grunderfahrung?«, antwortete dieser: »Wenn du müde bist, schlaf! Wenn du Hunger hast, iß! Wenn du das tust, hast du das Tao.« Als Theresia von Avila einmal gefragt wurde, wie und wo man Gott begegne, antwortete sie: »Wenn Rebhuhn, dann Rebhuhn; wenn Fasten, dann Fasten.« Wenn Rebhuhn auf dem Tisch steht, soll man sich das Rebhuhn schmecken lassen; wenn Fasttag im Kalender steht, soll man ernsthaft fasten. Mit anderen Worten: Alles, was wir tun, sollen wir mit Hingabe tun, hundertprozentig. Wer so lebt, ist in Gott.

Worin besteht der Beitrag des Zen für die Mystik? Darin, zu erfassen, daß alles, was wir in die Hand nehmen, sagen und sind, immer der Ertrag von etwas ist, das tiefer ist und eher kommt als wir selbst. Alles entspringt einer Quelle hinter den Dingen. So sagt der Zen-Meister: »Zen-Erfahrung machen und leben ist wie ein Schuh. Wenn man sich an den Schuh gewöhnt hat und der Schuh sich gut an den Fuß angepaßt hat, fühlt man ihn gar nicht mehr. Ist der Schuh zu eng, spürt man ihn dagegen ständig; und das ist ein Zeichen dafür, daß er schlecht ist. Müssen wir fortwährend an Gott denken, sind wir weit weg von ihm. Leben wir hingegen in Gemeinschaft mit Gott, brauchen wir nicht an ihn zu

[28] ›Land-Wallfahrt‹: Romaria da Terra.

denken.« An Gott denken heißt, ihn lediglich im Verstand haben und nicht in allem, was wir haben und sind.

Ein anderer großer Zen-Gelehrter, Daisetsu Teitaro Suzuki (1870–1966), der übrigens ein guter Freund des US-amerikanischen Trappistenmönchs und geistigen Autors Thomas Merton war, sagt: »Tao kennen ist wie Schönschrift. Wenn du dich anstrengst, das A zu schreiben wie kleine Kinder, und das B und das C, und wenn du mit dem Stift regelrecht kämpfst, dann kannst du es noch nicht; aber wenn du die Schönschrift beherrschst und sie einfach zu Papier bringst, dann brauchst du nicht mehr daran zu denken und schreibst einfach.« Was heißt das für die Mystik? Der Mensch ist Gott so nahe, so nahe an der Grunderfahrung daran, daß er gar nicht mehr zu denken braucht. Und wie kommt man dahin? Mit Sicherheit nicht, indem man großartige Dinge tut, Ekstasen oder Erleuchtungen hat; wohl aber, indem man die Dinge, die man macht, gut macht, bewußt und ernsthaft — in einer Form, daß man leicht wird, wenn man sie tut, weil sie einem zur guten Gewohnheit geworden sind.

Jeder und jede von uns macht so etwas wie Zen-Erfahrungen. Beim Autofahren zum Beispiel. Da wechselt man vom ersten in den zweiten oder in den dritten Gang, ohne viel nachzudenken; man spürt eben den Wagen, wie schnell er ist und wie viel Kraft er in dem Augenblick hat. Kein Mensch hält an, um nachzudenken, ob er im ersten, im zweiten oder in Gott weiß welchem Gang fährt. Und warum nicht? Weil wir vieles unbewußt tun. Das ist also unsere Zen-Erfahrung in der profanen Kultur von heute. Archaische, ursprünglichere Kulturen, die die Kategorie des Sakralen noch kannten, atmeten Gott. Überall sahen sie Gott. Das einfache Volk in Brasilien und anderswo in Lateinamerika ist vielfach heute noch so. Roberto Da Matta ist ein Soziologe, der eine bemerkenswerte Arbeit macht[29]. Er treibt nicht einfach eine konventionelle Anthropologie, das heißt analysiert nicht gesellschaftliche Strukturen, Klassen oder wirtschaftliche und politische Zusammenhänge. Roberto Da Matta macht eine andere Art von Anthropologie. Er befaßt sich mit den alltäglichen Dingen des Lebens: Fußball, Mittagessen am Sonntag, Treiben auf der Straße, Leben zu Hause, Feiertage, Patronatsfest, Karneval ... Dort spielt sich das Leben ab, dort wird der Sinn des menschlichen Daseins spürbar. Denn in den Strukturen als solchen lebt doch niemand. Strukturen sind unbewußt, Strukturen funktionieren. Menschen aber leben im Alltag — der sich in Begriffe und Strukturen nicht einfangen läßt. Roberto Da Matta weist darauf hin, wie wichtig der religiöse Faktor in der brasilianischen Volkskultur sei. Das brasilianische Volk sei zutiefst mystisch, sehe Gott in allen Dingen am Werk und kenne keine religiösen Zweifel. Einfache Brasilianer könnten in die größten Bedrängnisse und Notlagen kommen, aber von Gott ließen sie nicht ab. Die Leute sagen: »Hätte ich Gott nicht, was wäre dann mit mir?« Und warum verhalten sich die Kleinen so? Weil Gott für das einfache Volk eine evidente Wirklichkeit ist. Die Menschen gehen davon aus, daß Gott da ist, daß Gott und seine Heiligen sie begleiten — oder die Orixás[30] oder sonst welche Gottheiten. Wir säkularisierten Menschen müssen nachdenken, Theologie studieren und überlegen, wie man Gott erfahren könne. Einfache Leute brauchen über Gott keine Reflexionen anzustellen, einfache Leute erleben Gott. Meine Mutter, die weder lesen noch schreiben konnte[31], war auch so eine Frau. Immer sagte sie, sie

[29] *Da Matta, R.*, O que faz o brasil, Brasil?, Rio de Janeiro ³1989.

[30] Orixá: (Halb-)Gottheiten der afro-brasilianischen (Misch-)Kulte.

[31] Vgl. *Goldstein, H.*, Leonardo Boff. Zwischen Poesie und Politik, Mainz 1994, 12–18.

erlebe Gott. Einmal fragte sie mich: »Siehst du denn Gott nicht?« »Nein, Gott kann ich nicht sehen.« Da schaute sie mich ganz traurig an: »Versteh' ich nicht. Jetzt bist du schon so viele Jahre Priester, hast Theologie studiert und hast ... noch nie Gott gesehen?!« Meine Mutter war richtig erschüttert. Sie wandte sich an sämtliche Brüder und Schwestern von mir, die dabeistanden: »Nicht zu fassen! Euer Bruder hat noch nie Gott gesehen!«

Diese Frau, die Analphabetin war und keine Probleme damit hatte, des Lesens unkundig zu sein, war eine Theologin. Franziskus empfahl seinen Mitbrüdern: »Theologie sollen sie nur studieren, wenn diese ihnen nicht den Kopf verdreht.« Theologie ist, wie Luther weiß, ein Teufelsding, das leicht die Gotteserfahrung verdrängen kann: Theologie solle man nur unter der Bedingung treiben, daß sie in einem den Geist Gottes stärke.

Die Empfehlung des Zen-Buddhismus lautet: Das Alltägliche in seiner Tiefe erfahren, das sei die Grunderfahrung machen. Der abendländische Gelehrte, der am nächsten an den Zen-Buddhismus herankommt, ist ein Mitbruder von Frei Betto: Meister Eckhart, ein großer Theologe des 14. Jahrhunderts, der von 1260 bis 1328 lebte. Meister Eckhart gilt als der größte Mystiker des Abendlandes, auch wenn er anders ist als andere abendländische Mystiker. Er hat manche Berührungen mit Lao-tse, Chuang-tzu und anderen östlichen Meistern ebenso wie mit der Haltung des Zen.

Wir westlichen Geister gehen in der Regel verstandesmäßig vor, unterteilen den Kosmos in eine sinnlich faßbare Welt hier und eine rationale Welt dort, in ein Ich und ein Du-Ich, in Welt und Transzendenz. Anders Meister Eckhart. Theologe wollte der Dominikaner zunächst werden. In Paris zwang man ihn, mit den Franziskanern und dann auch mit Thomas von Aquin Disputationen zu führen. Doch eines Tages machte er sich aus dem Staub, mit der Begründung, für theologische Disputationen habe er nicht das Zeug. Er ging nach Deutschland zurück, nach Straßburg, und wurde ein großer Prediger. Zwischen Prag und Amsterdam hielt er in mittelalterlichem Deutsch fünf- oder sechsmal große Volksmissionen.

So gilt Meister Eckhart neben Martin Luther als einer der Väter der deutschen Sprache, in der er auch seine spirituell-mystischen Hauptwerke und etliche kleinere Schriften verfaßte. Ich selbst habe eine Auswahl dieser Arbeiten zusammengestellt und zum erstenmal die Schriften von Meister Eckhart ins Portugiesische übersetzt. Wie bei Meister Eckhart lautet der Titel ›Buch der göttlichen Tröstung‹. Ursprünglich hatte die Überschrift jedoch geheißen ›Die Mystik vom Sein und vom Nichthaben‹. Unsere ganze Kultur basiert auf Haben und Anhäufen, Positionen haben, neue biblische und theologische Ideen erwerben, ein treffenderes Gottesbild gewinnen. Anders Meister Eckhart. Wenn du Gott begegnen willst, mußt du leer werden und Gott sprechen lassen. Unsere ganze Theologie und Spiritualität sind nichts als Geschwätz. Wir reden über Gott. Doch wenn wir über Gott reden, fehlt die Stille, damit Gott reden kann. Meister Eckhart will eine Mystik des Schweigens, eine Mystik der radikalen Entäußerung und des totalen Freiwerdens von allen Dingen, damit wir frei werden können für jegliche Situation. Ganz bereit sein. In der Mystik des vollkommenen Nacktseins umhüllt uns Gott dann von allen Seiten.

Das erste Hindernis, gegen das wir unser ganzes Leben lang zu kämpfen haben, ist unser Wille. Persönliche Lebensplanung. Ich möchte so oder so sein, das oder das werden ... In Wirklichkeit begegnen wir Gott jedoch erst, wenn wir uns ganz entäußern und auf die Dinge, so wie sie sind, einlassen. Dann spricht die Wirklichkeit zu uns. Sobald wir unsere Gefühle und Gedanken fahren lassen, meldet sich die Natur in uns zu Wort, wie Gott sie geschaffen hat. Und die sagt uns, wie die Dinge um uns wirklich stehen, was wir uns eigentlich wünschen und was die Triebkraft ist, die uns bewegt.

In Wahrheit sind wir voll von Begriffen, mit denen uns Schule, Katechismus, Kirche, Predigt und geistliche Erziehung geradezu gefüttert haben. Das Ergebnis ist, daß wir nachgerade eine zweite, wenn nicht eine dritte Natur leben. Was ist meine eigentliche Natur? Das ganze Bemühen der Psychoanalyse von Freud und Jung wie all der großen Namen der Tiefenpsychologie geht dahin, den Menschen seine spezifische Natur und sein Tiefen-Ich entdecken zu lassen und sich nicht zufrieden zu geben mit dem Oberflächen-Ich, das Familie, Schule und Gesellschaft ihm anerzogen haben. Mein wahres Ich ist jener Kern in mir, der die ganze Welt meiner Triebkräfte und Leidenschaften zusammenhält, und zwar nicht nur die hellen Leidenschaften, sondern auch die niederen, meine Mittelmäßigkeit und meine Rachegefühle.

Die Mystik der Rückkehr zur Grunderfahrung ist die Mystik der Einfachheit, der Gelassenheit und des Lassens, daß Gott in uns erblühen und durch uns sprechen kann. Wir brauchen ein feines Gespür dafür, wie Eckhart sagt, daß wir unser eigenes Herz hören, und zwar nicht nur bildlich, sondern physisch. Wir müssen die Sinne schärfen, daß uns auch nicht das geringste Geräusch entgeht, daß uns die leichteste Farbschattierung auffällt und daß uns die Schläge des Herzens aufhorchen lassen. Erst dann fühlt sich der Mensch von allem bereichert, weil er sich ja an allem arm gemacht hat.

Eine wenig entwickelte Richtung in der christlichen Mystik ist die sogenannte Mystik der fünf Sinne, die schon bei Origenes anklingt und später von verschiedenen Meistern ausgeformt wird. Beim Sehen geht es darum, sich ganz auf das Schauen zu konzentrieren, auf alles, was man optisch wahrnehmen kann. Nicht denken. Sich daran gewöhnen, alle Nuancen der Dinge zu erfassen. Sodann: das Hören verfeinern, alles akustisch einfangen, was nur irgend möglich ist. Wer sich dies zum Habitus macht, vernimmt geradezu eine Sinfonie: ein Vogel, der singt, ein Hund, der in der Ferne bellt, ein Auto, das vorbeifährt, ein Flugzeug irgendwo am Himmel, der Wind, der in den Zweigen säuselt ... Eine Bereicherung sondergleichen! Und dann: der Tastsinn: eine Brise spüren, den Wind, die Atmosphäre ...

Für Meister Eckhart ist das Entscheidende nicht die Ekstase, weder Offenbarungen noch Visionen, das Entscheidende ist das Alltägliche.

Franz von Assisi, Theresia von Avila, Johannes vom Kreuz und Teilhard de Chardin benutzen in ihren Texten die Bildlichkeit vom inneren Feuer, von der inneren Sonne. Meister Eckhart spricht von der inneren Flamme. Wir tragen eine Glut in uns, und die müssen wir schüren. Ob Flamme oder Glut, Gott wohnt in uns. Der Vater zeugt den Sohn in unserem Herzen. Und Vater und Sohn lassen in der Tiefe unseres Geistes den Heiligen Geist entstehen.

Die Dreifaltigkeit ist nicht im Himmel oder in der Transzendenz zu finden, sondern auf dem Grund unseres Herzens. Indem der Vater den Sohn zeugt, zeugt er auch uns, Söhne und Töchter im Sohn. Unser Gott ist ein inwendiger Gott. Wir sind gleichsam der Altarschrein, in dem Gott geborgen ist. Deshalb können wir tanzen und feiern. Wir sind der Tempel Gottes! Doch das alles ist keine Lehre, die der Meister uns beibrächte, sondern Erfahrung, die wir erleben und die die Flamme am Brennen hält. Gott in uns erkennen ist gewissermaßen ein Prozeß des Gezeugtwerdens, der Hauchung und des Auftauchens der Dreifaltigkeit in ihrem Liebesspiel. Das ist der Himmel.

Dies ist auch die Botschaft einer großen modernen Mystikerin, der französischen Jüdin und Professorin für Philosophie Simone Weil (1909–1943). Während des Zweiten Weltkrieges mußte sie vor den Nazis nach England fliehen. Dank ihrer geistigen Sensibilität entdeckte sie schließlich Gott, Jesus Christus und das Evangelium. Dabei erfuhr sie Gott als Begegnung, Besuch und göttliche Durchflutung der Seele. Doch aus Liebe zu den verfolgten und in den Gaskammern ermordeten Juden und Jüdinnen trat sie nicht zum Christentum über, sondern blieb aus Solidarität mit ihnen Jüdin, auch wenn sie kraft ihres Glaubens an Jesus in Wirklichkeit Christin geworden war.

In der Mystik von Simone Weil geht es um eine bedingungslose Entäußerung. Als der Krieg den Höhepunkt überschritten zu haben schien, die alliierten Truppen sich sammelten, Frankreich in Schutt und Asche lag und Kinder und junge Menschen hungers starben, gab sie alles daran, was sie hatte, bis sie an den großen Entbehrungen schließlich selbst starb.

Simone Weil geht davon aus, daß wir immer in einer gedeuteten und gefilterten Welt leben. Regnet es, öffnen wir den Regenschirm; riecht es irgendwo übel, halten wir uns die Nase zu; tut uns etwas weh, unternehmen wir gleich etwas gegen den Schmerz ... Simone Weil wagte Hals und Kragen, um verfolgte Juden zu retten, wohl wissend, daß die Nazis sie hätten verhaften und foltern können und daß die Frauen von ganzen Schlangen von fünfzehn, zwanzig Soldaten vergewaltigt wurden. Würde sie verhaftet, sagte sie, wollte sie den radikalen Schmerz eines Menschen spüren, dessen Inneres zerrissen wird. Regnete es, spannte sie den Schirm nicht auf. Und ihre Erklärung: »Ich will den Regen spüren — und die Kälte. Alles, was mir begegnet, will ich radikal erfahren. Ich möchte die Fähigkeit haben, alles zu fühlen, was ich habe, alles, was mich umgibt, in großer, grenzenloser Solidarität mit den anderen, vor allem mit den Armen.«

Ecléa Bossi hat ein Buch geschrieben mit dem Titel ›Simone Weil und das Arbeiterleben‹[32]. Darin schildert die Verfasserin, wie die Philosophin und Universitätsprofessorin in einer Fabrik arbeiten und die niedrigsten Arbeiten tun wollte, um mitzuerleben, wie ausbeuterisch der Kapitalismus ist, wie er die Psyche zersetzt und die Arbeiterklasse, mit der sie sich solidarisiert hatte, zerreißt. In der Mystik von Simone Weil geht es also darum, Bedingungen dafür zu schaffen, daß die Stimme der anderen gehört und ihr Drama gespürt werden kann. Spitze des Ganzen ist eine große Mystik des Mitleidens, das heißt die Fähigkeit, nicht nur mit den anderen mitzufühlen, sondern sich auch mit ihnen zu freuen. Simone Weil will die Distanz aufheben, die uns vom anderen, von der anderen trennt. Damit gibt sie der Zen-Mystik innerhalb des westlichen Christentums eine neue Gestalt.

Erwähnen möchte ich auch noch die große Mystikerin Juliana von Norwich, die von etwa 1342 bis ungefähr 1430 lebte. Die Engländerin war eine merkwürdige Gestalt, und keiner weiß recht, ob sie Nonne oder Laiin war. Juliana lebte als Rekluse allein in einer Höhle. Gleichwohl verstand sie sehr viel von der Kultur der Zeit und schrieb ein phantastisches Buch mit dem Titel ›The Sixteen Revelations of Divine Love‹. Juliana erfährt Gott als Mutter, als große liebenswürdige Mutter. Menschen erführen wir voller Tugenden, voller Güte und Licht, Gott hingegen begegneten wir verängstigt, eingehüllt in die Dimension des Schattens, von Sündenerfahrung gepeinigt. Doch von der Art Moral, an die wir gewöhnt sind, will sie nichts wissen. Denn üblicherweise meinen wir, unsere Sünde beleidige Gott zutiefst;

32 *Bossi, E.*, Simone Weil e a condição operária.

deshalb müßten wir sie auch beichten und wiedergutmachen; denn ohne Sühne und Reue unsererseits würde sich Gott nicht umstimmen lassen und uns wieder gnädig sein. Juliana gibt zu verstehen, daß so nur reden kann, wer Gott nicht als Mutter kennt. Seit wann wird denn eine Mutter böse, wenn ihr das kleine Kind auf den Fuß tritt? Oder wenn es ihr, auf ihrem Schoß spielend, durch das Gesicht kratzt? Natürlich wird die Mutter nicht böse; vielmehr nimmt sie das Kind in den Arm und zeigt ihm, wie man läuft und richtig geht.

Es wäre ein sehr enges Verständnis von Gott, anzunehmen, Gott ärgere sich über unsere Sünde oder werde zornig darüber. Natürlich ärgert er sich nicht, noch wird er zornig, weil er ja unsere große Mutter ist, voller Barmherzigkeit, und weil er ein mitfühlendes Herz hat. Wenn er Vorschriften erläßt und uns lehrt, was Gnade und was Sünde ist, dann will er uns damit zeigen, wie wir uns zu verhalten haben. Gott ist weder gut noch böse, wie wir es womöglich sind. Gott ist nichts als gut. Gott in seiner Barmherzigkeit erfahren heißt: Gott aus unserer Hinfälligkeit und Sündhaftigkeit heraus erfahren. Auch diese Dimension, die uns auf den ersten Blick von Gott entfernt, ist ein Weg, zu ihm zu gelangen: der Weg der Schlichtheit und der Demut. Bei Gott können wir uns geborgen fühlen; das Gefühl, verstoßen zu werden, brauchen wir bei ihm nicht zu haben. Gott ist Mutter.

Mir scheint es wichtig, daß wir aus unserem Gottesverständnis diese dramatische Seite des Lebens nicht heraushalten, das heißt: die Dimension der strukturellen Sünde bzw. die Dimension des Nichterlösten, die uns aufregt und die wir nur schwer akzeptieren und uns selbst verzeihen können. Freud ist diesem Mechanismus nachgegangen. Wenn ich eine Person nicht mag, ablehne oder kritisiere, habe ich in Wirklichkeit Schwierigkeiten mit den entsprechenden Dimensionen in mir selbst, die ich im Gegenüber widergespiegelt sehe. Damit entmenschliche ich mich aber selbst, insofern ich nur eine Seite meiner Psyche oder meiner Welt zulasse, weil diese mir vielleicht angenehm ist, mein Ich aufbaut und meine helle Seite darstellt. Aber ich muß auch zu meiner mittelmäßigen, mickrigen, schwachen, lügnerischen, tölpelhaften und sündigen Seite stehen. Ich muß sie integrieren. Aber das gelingt mir nur, wenn ich aufrichtig und transparent bin und auch die dunkle Seite in mir anerkenne.

Evangelium heißt: Wem aufgeht, daß er bzw. daß sie ein sündiger Mensch ist, erfährt, daß das letzte Wort nicht Angst oder Verlorenheit ist, sondern daß sich da ein Gott der Sünder offenbart und zu erfahren gibt: ein Gott der Zuwendung zu allen Verlorenen, ein Gott, der sich auf die Suche nach der verlorenen Drachme macht, der dem verlorenen Schaf nach- und dem verlorenen Sohn entgegengeht. Der Gott des Evangeliums liebt die »Undankbaren und Bösen« (Lk 6,35). Undankbar und böse sind nicht nur die Kapitalisten und Ausbeuter. Undankbar und böse bin ich. In dem Augenblick, in dem ich entdecke, daß ich so bin, entdecke ich auch die Frohe Botschaft von dem Gott, der eben die Undankbaren und Bösen liebt und ihnen Gnade und Vergebung gibt. Im selben Augenblick versöhnen wir uns auch mit der anderen Hälfte unserer Psyche, werden vollkommener und toleranter und werden weniger kritisch gegenüber den anderen, weil wir ja inzwischen um die Dämonen in uns wissen und diese in den Griff bekommen haben.

Die Zen-Weisheit hat als Symbol für die dunkle Dimension der Anima das Bild eines Mönches, der auf einem Löwen reitet und diesen mit einer Gerte führt. Doch wer ist der Löwe? Der Löwe bin ich, der Löwe ist meine löwenrebellische Welt mit meiner Leidenschaftlichkeit und meinen Zornausbrüchen, Wutanfällen und Verweigerungen. Alles dies jedoch vermag ich mit der Rute zu zähmen und zu führen. Die ganze Energie und Libido ist ein enormes Potential, das uns hilft, in unserem Menschsein zu wachsen und uns in ein Projekt der Güte hineinzugeben, nicht indem wir die dunkle Wirklichkeit ausblenden, sondern indem wir sie als einen Teil von uns akzeptieren. Wenn wir sie gelten lassen und integrieren, überwinden wir alle neurotischen Mechanismen von Verdrängung und Verneinung, die in uns wie in den anderen stecken.

Je besser wir uns selbst kennen und je besser wir um die Sonne, die uns erhellt, das heißt um Gott wissen, desto besser finden wir zu unserer inneren Einheit und zu jenem Kraftzentrum, das wir Gott nennen, und desto mehr werden wir auch Mensch. Mensch werden verstehen wir hier aber nicht im modernen Sinn von immer tugendhafter, immer strahlender und immer erfolgreicher werden; Mensch werden heißt hier: die Fähigkeit entwickeln, schwach und verletzlich zu sein, zu weinen und sich in das Gegenüber einzufühlen, zugleich aber auch Kraft zu haben und zu kämpfen, Widerstand zu leisten und seinen Weg zu gehen. Es geht mir um die Synthese, die ich als Titel über mein Franziskusbuch gesetzt habe ›Zärtlichkeit und Kraft‹[33]: zärtlich zu sein mit dem Leben und mit allem, was schwach ist, Barmherzigkeit walten zu lassen gegenüber der Dimension der Sünde und sich liebevoll und herzlich den Armen und anderen zu nähern ... und zugleich Stärke zu zeigen, Entschiedenheit in den Vorhaben, Klarheit in der Richtung und Eindeutigkeit in den Optionen. Zärtlichkeit mit Kraft verbinden zu können, das ist das Geheimnis der Gestalt Jesu. Wenn Jesus einerseits die Kinder streichelt, geißelt er andererseits mit zorngeladenem Blick einige Pharisäer. Wie er einerseits sagt: »Wenn dich einer auf die rechte Wange schlägt, dann halt ihm auch

[33] *Boff, L.*, Zärtlichkeit und Kraft. Franz von Assisi, mit den Augen der Armen gesehen, Düsseldorf 1983, [6]1994.

die linke hin!« (Mt 5,39), so greift er andererseits selbst zur Peitsche und schlägt auf die ein, die mit der Religion Schindluder treiben. Das eine wie das andere ist Jesus. Zärtlichkeit und Kraft: Beides gehört zu der einen und ganzen Persönlichkeit.

Jeder und jede von uns hat an dieser Synthese zu arbeiten. Alle sollten wir unsere Ganzheit spüren und — auf der Grundlage des inneren Kerns, in dem wir Herren unserer selbst sind — sie in den Griff bekommen. Nicht um Herrschaft über irgend jemanden oder irgend etwas auszuüben, sondern um fortwährend lernfähig zu bleiben, um sensibel zu werden, um uns selbst und andere zu bereichern, in der Dialektik zwischen Geben und Empfangen, und um uns gegenseitig zu vervollkommnen, auf dem langen Weg, auf dem zahllose Kollegen und Gefährten mit uns unterwegs sind auf der Suche nach dem verheißenen Land. Doch dieses liegt nicht außerhalb unserer selbst. Es liegt in der Tiefe unseres Herzens oder auch in der Gemeinschaft des armen Volkes, die ihre Identität findet im Ringen um ihre Befreiung. Dies ist die Heimat, an der wir gemeinsam bauen wollen, indem wir uns — mit den Worten von Bischof Pedro Casaldáliga[34] — einmischen in den Aufstand der Herzen.

Die erste Reaktion auf die Erfahrung Gottes ist das Lob. Ostkirchliche Mystiker, wie Gregor und Basilius, sprechen von himmlischen Tanz, zu dem sich jemand, der oder die Gott erfahren hat, hinreißen läßt.

Wer Gott begegnet, erfährt zunächst, daß sich ihm bzw. ihr das Herz weitet und daß es plötzlich mehr Sinn macht zu leben. Menschen in solcher Verfassung stim-

[34] Zu Pedro Casaldáliga vgl.: *Ders.*, Ich kann nicht länger schweigen. Dokumentation von Bischof Pedro Casaldáliga aus São Félix über »Eine Kirche des Amazonasgebietes im Konflikt mit dem Großgrundbesitz und der sozialen Randexistenz des Volkes« (Adveniat Dokumente/Projekte 11), Essen 1972; *Cabestrero, T.*, Mystik der Befreiung. Ein Portrait des Bischofs Pedro Casaldáliga in Brasilien, Wuppertal 1981; *Casaldáliga, P.*, Auf der Suche nach dem Reich Gottes, Wien/Klagenfurt 1989.

men freudig das Lob Gottes an. Mystiker pflegen wenig das Bittgebet. Die Bitte hat den Menschen zum Mittelpunkt. Wer Gott um etwas bittet, geht davon aus, man müsse an Gottes Tür klopfen und ihn sozusagen aufwecken, um dann die Bitte vortragen zu können, wohingegen Gott doch um unsere Bedürfnisse weiß, noch bevor wir überhaupt angefangen haben zu schreien.

Lob ist die Dimension größter Verdanktheit. Wir preisen Gott dafür, daß er Gott ist und daß er existiert, nicht dafür, daß wir ihn entdeckt hätten, im Sinn einer Lehre, die uns jemand beigebracht hätte. Nein, es geht um eine Erfahrung, von der die Psalmen nur so voll sind. Wenn ich Gott begegne, bleibt mir nur zu singen. Und diese Begegnung, wie sie in den Bußpsalmen beschrieben wird, wie sie Mose im brennenden Dornbusch erlebt oder wie sie Petrus im Gegenüber zu Jesus erfahren hat, bedeutet entdecken, daß Gott etwas absolut Helles ist. In seinem Licht entdecke ich dann aber auch umgekehrt, wie finster ich bin, ziehe die Schuhe aus und sage: »Ich sterbe, dieses Licht ertrage ich nicht.« In einem berühmten Text der Hebräischen Bibel sagt Mose zu Gott: »Laß mich deine Herrlichkeit sehen!« Doch Gott antwortet: »Du kannst mein Angesicht nicht sehen; denn kein Mensch kann mich sehen und am Leben bleiben ... Stell dich an diesen Felsen! Wenn meine Herrlichkeit vorüberzieht, stelle ich dich in den Felsspalt und halte meine Hand über dich, bis ich vorüber bin. Dann ziehe ich meine Hand zurück, und du wirst hinter mir her sehen. Aber mein Angesicht kann niemand sehen« (Ex 33, 18–23).

Unser Auge muß ganz rein sein, wollen wir Gott schauen. Doch derweil ist es noch wie bei der Sonne. Kein Mensch kann direkt in die Sonne schauen, ohne blind zu werden. Wohl macht es die Sonne möglich, die Dinge zu betrachten, doch sie selbst kann niemand betrachten. So ist auch Gott.

Johannes vom Kreuz sagt, im Prozeß der mystischen Reinigung müßten Sinne und Geist sterben. So spricht er von der dunklen Nacht der Sinne und von der dunklen Nacht des Geistes. Wir müssen durch die eine wie durch die andere hindurch, wollen wir uns an Gott gewöhnen. Erst dann brauchen wir nicht zu sterben, wenn er sich offenbart. »Ich sterbe, weil ich nicht sterbe«, sagt Theresia von Avila. Ähnlich äußert sich Bonaventura, wenn er sagt, es sei ein Sterben ohne Sterben, weil die Pracht, das Licht und der Anlaß zur Freude so gewaltig seien, daß wir sie nicht ertrügen. Lob ist dann die Form, in der sich die Gottesbegegnung zum Ausdruck bringt. Die Dimension der Anbetung und der Preisung offenbart die beste Seite an uns: Verdanktheit und Verlagerung unserer Mitte in Gott. Aber sie kommt nicht in der Weise zum Tragen, daß wir Gott loben müßten, weil er will, daß wir ihn loben. Wir loben Gott, weil es zum Wesen der Begegnung gehört, daß wir uns freuen und ihn loben.

Biblische Spiritualität

Frei Betto

Die Spiritualität der Hebräischen Bibel hat einen bemerkenswerten Aspekt. Alle Völker im Umfeld der Hebräer bezogen sich auf einen sinnlich wahrnehmbaren Punkt an ihren Göttern, dessentwegen sie sie anbeteten und priesen. Allein das hebräische Volk kannte so etwas nicht. Ein Vergleich könnte das Gemeinte verdeutlichen: Da hat jemand einen Rosenkranz von seiner Mutter. Dieser stellt einen sinnlich-konkreten Bezug zu der Person dar, an der dieser Mensch sehr hängt und die er nicht vergessen will. Mag der Rosenkranz noch so alt sein, einen anderen, neuen wird er nicht wollen, weil für ihn der besagte Rosenkranz ein Sakrament ist und etwas Größeres transportiert, als er selbst mißt oder wert ist. So haben wir alle in unserem Haus oder Zimmer sakramentale Gegenstände.

Auch die Hebräer wollten solch ein Bild von ihrem Gott. Also sagten sie: »Gott ist in diesem Berg . . . oder in dieser üppig grünen Eiche.« Oder sie machten sich aus Gold ein Kalb und verkündeten: »Gott ist in diesem goldenen Kalb.« Doch die Propheten konnten so etwas nicht mitmachen. Deshalb gingen sie heftig gegen die Hebräer vor, weil sie ja in der Versuchung standen, Gott in einem sinnlich wahrnehmbaren Bezugsgegenstand einfangen zu wollen. Natürlich verlangten sie von den Menschen einen hohen Grad an religiöser Abstraktion: an einen Gott zu glauben, von dem man sich keine Bilder machen darf. So findet man auch in christlichen Kirchen höchst selten ein Bild von der Dreifaltigkeit. Eines habe ich einmal in Trindade gesehen — Trindade ist die Stadt im mittelbrasilianischen Bundesstaat Goiás, in der 1986 ein landesweites Treffen von kirchlichen Basisgemeinden stattfand[35] —, und ein anderes in Kuba, in einer Kirche in Camagüey. Aber verstoßen wir nicht gegen ein Dogma, wenn wir uns ein Bild vom Vater, vom Sohn und vom Heiligen Geist machen?

Als die Propheten das Volk Israel davor warnten, sich nicht von einer bildlichen Darstellung Gottes verführen zu lassen, wollten sie einfach sagen: »Wenn ihr Gott loben und Gott dienen wollt, dann haltet euch an das einzige Bild, das er für uns von sich bereithält; und das ist unser Mitmensch. Ihn in einem Berg, einem Kalb oder einer Eiche anzubeten ist eine Leichtigkeit; ihm aber zu dienen und ihn anzubeten im Nächsten, der sein Bild und Gleichnis ist, erfordert wahrlich mehr.« Gott loben heißt sein Geschöpf loben (vgl. Spr 14,31). Dieses Geschöpf zur Geltung kommen lassen ist, wie Jesus sagt, den Willen des Vaters tun. Worum es also geht, ist die konkrete Praxis von Recht und Gerechtigkeit und nicht abstrakte Lobpreisung als solche, losgelöst von der Vermittlung im Sinn des Mitmenschen.

Ganz früh, schon in den ersten Jahrhunderten, bemächtigte sich, vor allem bei Origenes und ganz deutlich bei Augustinus, der typisch griechische Dualismus zwischen Körper und Geist der christlichen Theologie. Doch bei Jesus und auch bei dem Theologen Paulus gab es den in dieser Weise akzentuierten Dualismus zwischen Fleisch und Geist noch nicht. Dafür ist die Griechische Bibel jedoch infiziert vom Männlichkeitswahn, wenn auch nicht im Sinn des Dualismus, so nach dem Kulturmuster der zeitgenössischen patriarchalen Gesellschaft. Jesus war ein Mensch seiner Zeit, eingegrenzt in die Schemata seiner Zeit, in das Bewußtsein seiner

[35] Vgl. *Goldstein, H.*, Gottes Volk auf der Suche nach dem Verheißenen Land. Sechstes Nationaltreffen kirchlicher Basisgemeinden in Brasilien, in: Orientierung 50 (1986), 15/31. 8. 1986, 171–174.

Zeit, in die Möglichkeiten seiner Zeit. Der überzeugendste Beweis dafür, daß Jesus — und zwar auch im Verhältnis zu Gott — glaubte, ist, daß er betete. Nur wer glaubt, betet. Wer die seligmachende Anschauung Gottes genießt, braucht nicht zu beten. Wenn Jesus betete, dann deshalb, weil er Glauben hatte und seine Glaubenserfahrung vertiefen mußte.

Doch der Machismus findet sich im Zweiten Testament nicht nur bei Paulus. Bei Paulus ist er nur besonders ausgeprägt, weil Paulus ja Pharisäer war. Paulus war von der Ideologie des Judentums voll durchdrungen. Die Gnade setzt die Natur voraus und — so möchte ich hinzufügen — verändert sie nicht ohne weiteres. Die Bekehrung machte aus Paulus wohl einen Christen, aber keinen Antimachisten. Die pharisäische Ansicht, nach der die Frau ein bloßes Anhängsel des Mannes ist, blieb auch weiter an ihm haften. Frauen durften keine Synagoge betreten und mit keinem Rabbiner sprechen. Im pharisäischen Judentum hatte die Frau in der Öffentlichkeit weder Stellung noch Bedeutung noch Wert.

Ich gehe davon aus, daß auch Jesus — als Mann seiner Zeit — Machist war; denn es wäre eine Extrapolation zu erwarten, Jesus hätte genauso eine revolutionäre Einstellung gehabt, wie jemand im 21. Jahrhundert die Atomwaffen des 20. Jahrhunderts wird verurteilen können. Jesus war der patriarchalen Ideologie so sehr verhaftet, daß er Gott ›Vater‹ nannte. Natürlich können wir Gott auch ›Mutter‹ nennen, weil Gott ja kein Geschlecht hat.

Gott geht weder in der Gestalt des Vaters noch in der der Mutter auf, vielleicht nicht einmal in der einen und in der anderen. So mag also jeder und jede nach Gewissen und Bewußtsein wählen. Gleichwohl: Jesus war insofern Revolutionär, als er — wie Lukas erzählt — Frauen in seinen Jüngerkreis aufnahm, wenn auch nicht in die Runde der Apostel.

Die Strukturen des Patriarchats sind kultur- und ideologiebedingt, wie sie ihrerseits auch selbst Kultur und Ideologie bedingen. Nun war die Kirche immer abhängig von der Kultur ihrer Zeit und wird es auch immer sein. Ich verweise auf das Buch von Leonardo Boff ›Jesus Christus, der Befreier‹[36], in dem der Verfasser herausarbeitet, daß die Bilder, anhand deren wir uns Jesus vorstellen: als leidenden Jesus am Kreuz, als Christus der Wundmale, Christ König oder Christus den Befreier, ganz bestimmte Kulturen und Ideologien widerspiegeln. Wie immer wir uns dem Geheimnis Gottes nähern — und das gilt für uns wie für die Autoren der Bibel —, immer kommen wir vom Kontext unseres Lebens und unserer Kultur her. Alles, was wir von Gott wissen, hat Gott uns gesagt, jedoch mit Hilfe menschlicher Wörter — oder anders gesagt: mit Hilfe unseres Kontextes und vermittelt durch unsere Kultur.

Wir mögen uns heute anschicken, keine Dualisten und keine Machisten zu sein. Dafür sind wir aber Gott weiß welche anderen ›... isten‹ und Phantasten. In ein paar Jahren werden andere uns das mit Sicherheit vorhalten. Die nach uns kommen, werden die Dinge klarer sehen, weil menschliches Erkennen und Denken ja immer in Entwicklung steht.

[36] *Boff, L.*, Jesus Christus, der Befreier, Freiburg-Basel-Wien 1986, ³1987 (das brasilianische Original datiert aus dem Jahre 1971). Vgl. auch: *Goldstein, H.*, Brasilianische Christologie — Jesus, der Severino heißt, Mettingen 1982, ²1985.

Viele Wege führen zu Gott

Leonardo Boff

Die Theologie kann sich nur erneuern, wenn sie sich aus einem Quellgrund der Mystik speist. Ich begann mit meiner theologischen Arbeit in Brasilien in den siebziger Jahren. Was ich heute mache, sagte und schrieb ich auch schon damals. Zusammen mit befreundeten Theologen hielt ich für die ›Konferenz der Ordensleute Brasiliens‹ Kurse zum Thema ›Gotteserfahrung heute‹ bei uns in Brasilien, in Peru und Bolivien wie nahezu überall in Lateinamerika. Für mich ist das originellste Buch, das ich geschrieben habe, weder ›Jesus Christus, der Befreier‹ noch ›Eine Theologie von Gefangenschaft und Befreiung‹[37]. Für das wichtigste Buch, das ich in die Welt gesetzt habe, halte ich eine kleine Schrift, die 1975 von der Konferenz der Ordensleute veröffentlicht und später auch vom Franziskaner-Verlag ›Vozes‹ in Petrópolis herausgegeben wurde: ›Wie heute Gott erfahren?‹

Hinter jeder großen Strömung in der Theologie, hinter dem Zweiten Vatikanischen Konzil wie hinter der progressiven Theologie, hinter der politischen Theologie wie hinter der Befreiungstheologie steht immer eine neue Gotteserfahrung. Mit einemmal zeigt sich Gott mit bisher nichtgekannten Zügen. Theologie ist nichts anderes als das Bemühen, ja das Ringen darum, diese neue Erfahrung zum Ausdruck zu bringen. Und die Menschen lesen theologische Bücher, weil sie sich in der Erfahrung, die dahinter steht, wiederfinden. Würde heute jemand einen theologischen Text in den theoretischen Koordinaten der mittelalterlichen Welt schreiben, kein

[37] *Boff, L.*, Teologia do cativeiro e da libertação, Lissabon 1976.

Mensch würde das Werk lesen oder verstehen, weil es uns Heutigen, die wir ja in einer anderen Welt leben, auch nichts zu sagen hat.

Wo sich die Theologie erneuert, ist immer die Mystik mit im Spiel. Angesichts der heutigen Krise, das heißt der Krise unserer Bezugsgrößen und Leitsterne, weiß niemand, wohin die Geschichte geht. Auch die Kirche weiß nicht, was ihr die Zukunft bringen wird. Die Ratlosigkeit schlug sich auch in der Versammlung der lateinamerikanischen Bischöfe im Oktober 1992 in Santo Domingo nieder.[38] Das Schlußdokument der Konferenz ist ein einziges Hin und Her und erklärt sich nur aus der Verlegenheit, nicht zu wissen, welchen Weg die Kirche nehmen wird.[39] Kein Mensch weiß, wohin die Menschheit steuert, die Politik, das Verhältnis zwischen Nord und Süd, das Heer der Armen ... Und auch die Kirche, die ja in der Welt ihren Ort hat, bleibt nicht verschont von dieser geistigen Pattstellung. Die Bischöfe erwecken den Eindruck von Blinden, die Blinde führen wollen.

Dessen ungeachtet steckt in Augenblicken dieser Art immer auch eine tiefe Religiosität. Gerät eine Kultur in die Krise, kommt das religiöse Element immer wieder hervor. Religiöse Faktoren bilden das Bindeglied zwischen den verschiedenen Phasen der menschlichen Geschichte. Mit den Fäden der Religion spinnt der Mensch seine großen Träume — die großen Utopien, die es ihm ermöglichen zu leben und die ihm die Hoffnung geben,

[38] Vgl. *Missionszentrale der Franziskaner/Misereor* (Hrsg.), Für eine Kultur solidarischen Lebens. Die Stimme der lateinamerikanischen Kirche vor der IV. Konferenz in Santo Domingo. Secunda Relatio, Aachen 1993.

[39] *Sekretariat der Deutschen Bischofskonferenz* (Hrsg.), Santo Domingo. Schlußdokument: Neue Evangelisierung — Förderung des Menschen — Christliche Kultur (Stimmen der Weltkirche 34), Bonn 1993. Vgl. *Arntz, N.* (Hrsg.), Retten, was zu retten ist? Die Bischofsversammlung in Santo Domingo zwischen prophetischem Freimut und ideologischem Zwang, Luzern 1993.

es trotzdem noch einmal zu wagen. Religion und Mystik sind sozusagen Experten in dieser beunruhigenden Materie. In solchen fundamentalen Krisen fühlt sich der Mensch überhäuft von Fragen wie: Wo geht's hin? Woher komme ich? Und: Wer bin ich eigentlich? Dies aber sind gerade die grundlegenden Fragen der Religion. In der Krise, in der wir heute stecken, ist es ganz natürlich und gehört wie selbstverständlich zum Prozeß des Ganzen, daß die großen Mythologien, die großen Träume und die großen religiösen Strömungen wieder lebendig werden.

Auf dem Markt der Religionen wird heftig diskutiert, wer denn die besten Entwürfe habe. Da hören wir die archaischen Deutungen fetischistischer Religionen, aber auch die Antworten derer, die sich der Herausforderung der heutigen Zeit stellen, im Rahmen des modernen Weltbildes, das von Quantenphysik, von neuer Anthropologie und von Astrophysik geprägt ist. Ihre Vertreter sehen gerade hier einen Ort der Gotteserfahrung und eines neuen Offenbarwerdens des Sakralen. An den meisten von uns geht ein solcher akademischer Diskurs jedoch vorbei. Denn dieser ist viel zu wissenschaftlich für uns.

Wir haben genug mit den Dingen des Alltags zu tun: Arbeit, Brot auf dem Tisch, Sorge um die Kinder, ein bißchen Freizeit. Derlei Erfahrungen bilden die existentiellen Säulen unseres Lebens. Im Grunde geht es dabei immer um dasselbe, um Gesundheit und Krankheit, Scheitern und Liebe, Arbeit und Geld — ob es denn wohl zum Leben reicht? —, um die Angst, den morgigen Tag zu erreichen, und . . . um die letzte Hoffnung, daß sie einen trägt.

Wie kann ich da, in diesen Alltagssorgen, noch Gott begegnen? Wie erfahren, was Gnade und Hoffnung ist? Woher die Kraft nehmen, nach vorn zu schauen? Mystik ist das Vermögen, mit all diesen Dimensionen umzugehen. Die Mystik kennt viele Wege. Wir müssen sie nur akzeptieren. Das Christentum, zumal in seiner römisch-katholischen Gestalt, gibt sich der großen Illusion hin, zu meinen, zu Gott gelangte man nur durch ein Tor, auf Gott ließe sich nur durch ein Fenster schauen. Das ist unser Weg, der aber nicht der einzige Weg ist.

Alles, was Weg ist, führt zu Gott: die afrobrasilianische Religion des Umbanda bzw. des Candomblé, der Zenbuddhismus, der Protestantismus und der Katholizismus, die Säkularisierung heute wie der wissenschaftliche Diskurs — sagen wir — eines Albert Einstein. Gott wohnt an jeder Wegkreuzung. Auf jedem Weg stoßen wir auf ihn. Welch eine Arroganz ist es da, das Monopol über die Wahrheit zu beanspruchen und zu meinen, nur unser Weg ende bei Gott, alle anderen endeten bei Götzen.

Offenbar haben wir vergessen, daß die ersten Kapitel der Genesis weder vom Volk Israel noch vom Christentum handeln, sondern von der Geschichte der Völker. Die *Genesis* spricht vom ersten Bund, den Gott mit der Menschheit und der Schöpfung schließt, einschließlich aller Elemente, Tiere, Fische und Bäume ... Alles, was lebt, verdient, nach diesem Bund zu leben. Alle stehen wir unter dem Regenbogen Gottes. Alle Völker sind Völker Gottes. Erst mit Kapitel 11 heißt es: Weil die Völker in die Irre gegangen seien, habe sich Gott ein unbedeutendes Volk, ja »das kleinste unter allen Völkern« (Dtn 7,7) ausgewählt. Für Hosea hat es sich gar »im Kreis der Völker als wertloses Zeug« erwiesen (8,8). Und gerade dieses ›Völkchen‹ macht Gott zum Zeichen für die Nationen (Jes 11,10), damit alle Völker zu ihm wallfahren und sich ihm anschließen (vgl. Jes 2,1–5; 60,1–22) — nach dem Motto ›Ihr seid Völker Gottes, und alle sind Völker Gottes‹. Deshalb heißt es auch in der Offenbarung des Johannes: »Und sie, sie werden seine Völker sein, und er, er wird ihr Gott sein« (Offb

21,3).[40] Die Mehrzahl der deutschen Übersetzungen, einschließlich der Einheitsübersetzung, geben den ersten Teil des Verses in der Einzahl wieder: »Und sie werden sein Volk sein«.[41] Doch es besteht kein Zweifel daran, daß das griechische Original hier die Mehrzahl hat: »Sie werden seine Völker sein«. Mit anderen Worten: Chinesen wie Koreaner, Azteken wie Inkas, Guaranís wie Yanomamis, alle Nationen unter dem Regenbogen des göttlichen Wohlwollens werden Völker Gottes sein. Und nicht nur die, die das Merkmal der jüdisch-christlichen Beschneidung tragen.

So müssen wir die Dinge sehen: Die Mystik befreit uns aus den religiösen Maschen, welche die Unterschiede verursachen, ohne jedoch die Einheit in Gott zwangsläufig verdunkeln zu müssen.

40 Der Schlußteil des Verses variiert in den verschiedenen Handschriften sehr. Möglich ist auch die Übersetzung. »Und er, Gott, wird bei ihnen sein«.

41 Dagegen *Fridolin Stier:* »Und sie werden seine Völkergruppen sein.«

Methode der Mystik

Frei Betto

An jeder Ecke gibt es heute ›Fitneßcenter‹ — für den Körper, natürlich. Es brächte die Geschichte der Menschheit ein gutes Stück voran, gäbe es eines Tages an jeder Ecke auch so etwas wie ›Fitneßcenter‹ für den Körper und für den Geist.

Gleichwohl gibt es schon immer eine Methode dafür, unter verschiedenen Namen und mit verschiedenen Inhalten. Die Kirche hat die Methode im Laufe ihrer Überlieferung Askese genannt. In den östlichen Religionen heißt sie Meditation. So hatte sich ein Mönch zum Beispiel in die Frage zu vertiefen, wie Buddha gegessen habe. Zuvor hatte ihm der Meister aber noch gesagt: »Ohne eine Hand zu rühren. Buddha speiste von tausend Tellern.« Für unsere westliche Mentalität ist das natürlich absurd. Doch die Tatsache, daß der Mönch das Rätsel gewissermaßen immer durchkauen mußte, steigerte sowohl die Konzentrationsfähigkeit in ihm als auch den Prozeß der inneren Reinigung. Nachweisen läßt sich so etwas allerdings nur durch die eigene Erfahrung.

Die Nähe und der vertraute Umgang mit dem Vater und mit den Armen sind für Jesus die Quelle, aus der sich seine Mystik speist. So lautet der Refrain des Gebetes, das er uns lehrt, denn auch: Unser Vater und unser Brot[42]. Aus der Geometrie können wir das Bild von der Vertikalen und der Horizontalen entlehnen. An dem Punkt, in dem sich die beiden Linien schneiden, steht Jesus bzw. steht der christliche Mensch mit seinem Tun

[42] Der Gleichklang der beiden Elemente ›Pai nosso‹ und ›Pão nosso‹ im portugiesischen Original ist im Deutschen so nicht wiederzugeben.

und Lassen. Es kommt also darauf an, immer in Gemeinschaft zu stehen mit dem Vater und mit dem verarmten Volk und dafür zu kämpfen, daß unser Brot den Plan des Vaters, Vater aller zu sein, Wirklichkeit werden läßt, insofern das Brot allen und nicht nur einigen wenigen zugänglich wird.

Nun zweifelt womöglich jemand daran, daß eine Arbeiterin, ein Arbeitsloser oder sonst ein gewerkschaftlich oder kirchlich engagierter Mensch in den Industriestädten um São Paulo mit Mystik etwas anfangen kann. Hat er, hat sie denn nicht genug mit all den Konflikten? Doch: Wer so denkt, hat noch nicht begriffen, was Mystik in Wirklichkeit ist.

Mystik will nichts anderes als uns zeigen, wie wir mit Konflikten umgehen können und uns von ihnen nicht auffressen lassen müssen, oder — umgekehrt — wie wir immer über ihnen oder in einem Verhältnis zu ihnen stehen können, das uns nicht die innere Harmonie nimmt und unsere Beziehung zu den anderen stört. Der Zenbuddhismus, die japanische Variante des Buddhismus, hat zum Ziel, daß der Mönch auch in der Stadtmitte Tokios das Nirwana erreicht. Nun tun sich die Zentren von Tokio und Berlin, von São Paulo und Hamburg wenig. Doch große Hektik schafft nicht nur Schwierigkeiten, sondern erleichtert auch manches. Große Konflikte steigern in uns das Verlangen nach mystischer Erfahrung — nichts anderes. Da fällt mir eine Parabel ein: Tara, die tibetische Göttin, gilt als Beschützerin des göttlichen Lichtes, das auf Menschen und Plätze fällt. Nun sah der fünfte Dalai Lama einmal, wie die Göttin sein Kloster beschützte, mitsamt einem armen Tibeter, der, betend und Loblieder ihr zur Ehre singend, immerzu um das Kloster lief. Die Mönche im Kloster, gescheit wie sie waren, hörten, wie der arme Kerl unentwegt am Beten war. Doch sie merkten auch, daß er ein völlig falsches Sanskrit sprach, die Wörter verdrehte, grundlegend wichtige Verse ausließ und eben wie ein minderbemittelter Analphabet betete. Also faßten sie den Entschluß, ihm korrektes Sanskrit beizubringen, damit er sich ebenso stilvoll an die Göttin Tara wenden könne wie der Dalai Lama — fehlerfrei, wie es sich für eine Göttin gebührt. Gesagt, getan. Die Mönche gaben dem Mann Unterricht, und dieser nahm seine Runden um das Kloster wieder auf. Indes: Die Göttin blieb verschwunden und ließ sich kein einziges Mal mehr sehen. — Genau das ist es, was wir oft genug mit der Spiritualität machen.

Wege der Gotteserfahrung

Leonardo Boff

Große Konflikte im Leben gefährden die Gotteserfahrung, weil Gott zu erfahren ja ein Unterwegssein voller Unwägbarkeiten ist. Die Tradition kennt drei Wege. Der erste ist der positive Weg, in der Form von Licht und Güte. Der zweite ist der negative Weg, auf der Grundlage der Verleugnung der Sinne und des Geistes. Und drittens kennt die Überlieferung die Verklärung und die Erhebung, in denen der Mensch jenseits der Konflikte Gottes inne wird.

Natürlich kann es passieren, daß im Prozeß der Gotteserfahrung die Bilder, die jemand von Gott hat, in die Krise geraten. Viele Menschen machen tragische Dinge durch im Leben: Scheitern der Ehe, Tod, Vergewaltigung, Mord ... Wie kann Gott Vater sein, wenn er so etwas zuläßt?, fragen sie sich dann, und ihr Glaube bricht zusammen. Doch was dabei in die Krise gerät, ist nicht eigentlich der Glaube, sondern ist die Vorstellung von Gott als Vater. Wie kann Gott unter solchen Umständen Vater sein?

Daß Jesus am Kreuz schreit: »Mein Gott, mein Gott, warum hast du mich verlassen?« (Mk 15,34), und dann noch einmal: »Vater, in deine Hände lege ich meinen Geist« (Lk 23,46), zerstört das Bild von Gott als von einem empirisch wahrnehmbaren Vater. Aber auch Jesus hatte zuvor das Bild eines unendlich gütigen Vaters gepflegt, der eingreifen würde, um den Messias zu retten, wenn dieser beim Anbrechen des Reiches Gottes in Gefahr geraten würde ... Aber dann wurde er sich bewußt, daß das Reich doch nicht kommen würde, wie er sich das empirisch vorgestellt hatte.

Auch jetzt noch ist Jesus ein Mann des Glaubens. Er schreit Gott an: »Warum hast du mich verlassen?«, nennt ihn aber weiter Vater. Nur, daß der Vater in diesem Augenblick ein anderer Vater geworden ist. Gott als Vater ist Licht und Güte. Aber auch aus dem Licht und aus der Güte ist etwas anderes geworden. Die Krise zertrümmert das alte Gottesbild und läßt andere Gottesbegriffe entstehen.

Auch die orientalischen Gelehrten kennen die drei Wege. Zuerst ist der Berg, der so und so viele Meter hoch ist und ein majestätisches Bild bietet. Gerät man in die Krise, leuchtet einem eine zweite Feststellung ein: Der Berg ist gar kein Berg. Das bisherige Bild vom Berg zerbricht. Auf der Grundlage derartiger Erfahrungen entwickelt der betreffende Mensch dann ein neues Bild von einem Berg. Und am Ende steht dann die Sicherheit: Der Berg ist der Berg.

Die erste und die letzte Aussage, obwohl formell identisch, sind nicht dasselbe. Denn zwischen der einen und der anderen liegt die Krise des Berges. Wer je eine Therapie gemacht hat, sei es unter der Anleitung eines Psychoanalytikers, sei es in Selbstbeobachtung, weiß, daß seine bzw. ihre Persönlichkeit einen Prozeß der Individuation durchgemacht hat. Mit einemmal macht der Mensch die befremdende Entdeckung: »Das bin ich ja gar nicht mehr!« Die Identität ist dahin. Doch so etwas ist durchaus gesund und absolut nicht krankhaft. Wehe dem, der nie eine Identitätskrise erlebt hat! So jemand kann nur aus Stein sein. Aber Menschen sind nun einmal keine Steine, sondern lebendige Wesen, wie Pflanzen. Wir sind keine Backsteine, die einer über den anderen gelegt werden. Wir sind lebendige Geistkörper, die organisch wachsen.

Im Osten heißt es, alles habe seinen Buddha: der Stein und die Uhr, das Tier und der Mensch. Mit anderen Worten: Alles hat sein Maß und seine Selbigkeit, doch zugleich muß es wachsen, bis es die Fülle seines inneren Buddha erreicht. Selbst in den Linien der Hand ist die Buddha-Dimension eingegraben: in der Linie, die auf die betrachtende Dimension des Lebens verweist. Der Mensch ist nicht nur der Verwirrung durch die Dinge ausgesetzt, sondern er sucht auch den Leitfaden, der sie zusammenhält. Die Dinge passieren nicht zufällig, willkürlich oder als Schicksalsschlag. Die Dinge sind Botschaften und Anfragen. Nur: Im betreffenden Augenblick ist einem das selten klar. Später geht es einem dann vielleicht auf. Träume, Begegnungen, Wörter, was wir gelesen haben, alles hat uns etwas zu sagen. Also kommt es darauf an, im Kontext der uns prägenden Ereignisse die verborgene Botschaft zu entziffern.

Manche Erfahrungen verwüsten, ja ruinieren die Psyche des Menschen. Jede Theologie, will sie denn echt sein, muß deshalb durch eine Phase der Negation oder des Atheismus, das heißt: muß alle Namen, mit denen Menschen Gott zu benennen pflegen, anfechten. Fachleute sprechen von einer negativen Theologie. So formulieren Mystiker denn auch: »Ich sage nichts von Gott; denn alles, was ich von Gott sagen würde, wäre Lüge und Gotteslästerung. Gott ist so unfaßbar, daß jedes Wort leer ist.« Der Augenblick, in dem wir so etwas erfahren, ist vernichtend. Wer aber durchhält, gewahrt ein anderes Bild und einen anderen Namen von Gott, die beide auch das negative Erlebnis noch einmal integrieren. So wird die Gotteserfahrung dichter. Von Krise zu Krise werden wir reiner, bis zur großen Begegnung. Schritt für Schritt gewöhnen wir uns an Gott und freunden uns mit ihm an, um schließlich unbegrenzt in seinem Hause zu wohnen und ewig in ihm zu leben, weil er ja alles in allen ist.

Wie kann ein engagierter Mensch Alltag und Mystik auf einen Nenner bringen? Da müssen wir zunächst einmal unterscheiden. Es gibt nämlich engagierte und superengagierte Leute. Mit letzteren meine ich solche, die auf Biegen und Brechen für die Revolution sind und die Welt partout auf den Kopf stellen wollen. Nur sich selbst, meinen sie, bräuchten sie nicht zu ändern. Nein: Der Mensch muß, hier und heute angefangen, das Neue, das Alternative erfahren, und zwar ausgehend von sich selbst. Es führt kein Weg daran vorbei, daß engagierte Männer und Frauen Zeit für sich selbst haben müssen. Alles ist Politik, aber Politik ist nicht alles. Daneben gibt es Fußball und Liebe, Bier und Religion, Kunst und Gespräch; ohne das kann keiner menschenwürdig leben. Wollte jemand behaupten, wir müßten vierundzwanzig Stunden auf Achse sein, käme er bald unter die Räder des Lebens, änderte nichts und würde nur nervös und krank dabei. Ohne Distanz erreicht man nichts. Die Probleme dürfen uns nicht überfluten, daß sie zu einer einzigen Problemflut werden. Die Wirklichkeit ist viel reicher als das Bild, das wir definieren und uns ausschneiden, mit der Bemerkung, das sei die Wirklichkeit. In den Dingen stecken noch andere Möglichkeiten.

Max Weber hielt einmal vor jungen Menschen, die Politiker werden und das durch den Ersten Weltkrieg zerstörte Deutschland wiederaufbauen wollten, einen Vortrag. Darin gab der große Gelehrte den weisen Rat, ein guter Politiker müsse grundsätzlich zwei Dinge haben: einen großen Traum, verbunden mit der Hartnäkkigkeit, das Geträumte auch in die Tat umzusetzen, und zugleich auch Distanz zu eben diesen Dingen. Wer sich voll ins Zeug wirft, verfängt sich darin. Distanz schafft Freiheit und Kreativität. Wer ein Buch lesen möchte, kann es sich nicht direkt unter die Nase klemmen, sondern muß es in einiger Entfernung von sich halten. Diese Entfernung ermöglicht Freiheit, die ihrerseits wichtig ist für die Kreativität. Freiheit aber braucht der Mensch auch, um Mensch bleiben, sich regenerieren und seinen Kampf fortführen zu können. Andernfalls wird Politik zu Politikklüngel, Manipulation und Machtkampf und verkommt als Instrument von Gerechtigkeit, Ausgleich und Mittel zum Gemeinwohl, wobei sich das Gemeinwohl heute nicht nur auf die Menschen, sondern auf das ganze ökologische System, ja auf den ganzen Kosmos zu beziehen hat. Auch die Elemente des Weltalls müssen achtsam behandelt und in unsere Politik mit eingeschlossen werden.

So kommen wir nicht umhin, uns um eine Haltung der Meditation und des Betrachtens, des Gesprächs und des ruhigen, besonnenen Überlegens zu bemühen. Mit strategischer und taktischer Reflexion ist es nicht getan, weil diese immer interessengeleitet ist und nicht die objektive Relevanz der Dinge zu erfassen vermag. Interesse fragt danach: Was bringt mir dies oder das?, wie reagiert der Gegner?, was tu' ich dann? Wenn wir aber so vorgehen, können wir schließlich nur noch in eine Richtung denken und treffen damit nicht mehr das eigentliche, sondern allenfalls nur noch das zweite Anliegen der Dinge. Dann aber verlieren die Dinge für uns ihre Unschuld. Ungeschuldetheit und Verdanktheit, Geschwisterlichkeit und Transparenz in unserem Tun sind dahin. All diese verschiedenen Aspekte müssen wir in Einklang miteinander bringen, soll unsere Politik eine gesunde Politik sein.

Mystik und afrikanische Kulte

Leonardo Boff

In Brasilien haben wir neben dem Katholizismus und neben verschiedenen protestantischen Kirchen auch noch andere Religionen, wie Spiritismus und indianische Kulte, Umbanda und Candomblé, Xangô und Macumba. Wie aber paßt Mystik zu diesen nichtchristlichen Religionen bzw. zu diesen afrikanisch-christlichen Mischreligionen? Die schwarzen Anhänger der letztgenannten Religionen vertreten nichtwestliche Kulturen. Kollegen von mir sind Schwarze. Kollegen von mir in Peru gehören, weil sie Ketschuas und Aymaras sind, auch nicht zu den westlichen Kulturen. Sie haben eine andere Sprache, eine andere Erfahrung von Welt und Heiligkeit wie auch einen anderen Namen für Gott. Doch alle wurden von der herrschenden weißen Kultur kolonisiert. Bis heute lassen weder die Brasilianische Bischofskonferenz noch erst recht Rom zu, daß katholische Schwarze Gott loben, wie sie es spontan gern täten. Statt dessen wird von ihnen erwartet, daß sie sich zuerst der weißen, römischen Beschneidung unterziehen. So müssen sie ja sagen zu unserer Liturgie und zu unserer formalistischen Messe. Und sehen dürfen sie dabei nur mit den Augen, ohne den Rest des Körpers daran beteiligen zu können.

Die Kultur des Umbanda und des Candomblé ist eine andere Weit. Nur: Wie können westlich sozialisierte Christen und Christinnen diese Welt verstehen, wenn sie nicht nur am Ritus klebenbleiben, sondern erahnen wollen, was dahinter steckt? Was ist der Kern der Erfahrung, die die Anhänger dieser Religionen von der Gottheit machen?

Das Entscheidende ist, daß sie sie in ihrem kulturellen Kodex zum Ausdruck bringen. Und dieser ist nicht bloß irgendeine Spielart unserer Kultur. Die erste Reaktion, die manche an den Tag legen, ist deshalb häufig Ablehnung und Empörung. Noch immer tun wir uns schwer, das andere wohlwollend zu bejahen.

Auch mir selbst kam die ersten Male, als ich Kultstätten des Macumba und des Candomblé in Petrópolis, Niterói, Rio de Janeiro und Bahia besuchte, diese andere Welt ausgesprochen fremd vor. Doch sobald wir uns auf das Universum dieser Leute einlassen — denn auch sie sind ja wie wir religiöse Menschen, zu denen wir Brükken des Austausches und der Verständigung schlagen können —, fangen wir unter Umständen an, aus ihrer Perspektive heraus zu denken — nicht zu fühlen wie sie, aber immerhin uns auf ihre Welt einzustellen. So geht einem zum Beispiel auf, daß alle afrobrasilianischen Religionen zutiefst kosmisch sind. Unsere Religion hat es mit dem Wort zu tun, mit Ritus, Begriff und Erkennen; die Umbanda dagegen mit Speisen, mit Puffreis, Zigarren, Schnaps und Farben. Doch schaut man genau hin, entdeckt man, daß es sich nicht um irgendwelche Nahrungs- oder Genußmittel handelt. Schnaps, Zigarre und Vatapá-Maniokbrei vergegenwärtigen vielmehr existentielle Alltagssituationen auf den riesigen Zuckerrohr- und Tabakplantagen, auf denen Menschen an unwürdiger, unterdrückerischer Sklavenarbeit zugrunde gingen. Dort machten sie die Erfahrung des Heiligen, und dort benutzten sie die vorfindlichen Elemente — Tabak, Zuckerrohr und das altgewordene Brot aus Vatapá — als Sakramente, um ihre Erfahrung des Heiligen zu vermitteln, genau so, wie wir zu den Grundelementen unserer, das heißt der mittelmeerischen Kultur greifen, zu Brot und Wein. Für Azteken und Mayas in Mittelamerika ist es der Mais, und in östlichen Kulturen bietet sich der Reis an.

Afrikaner haben eine betont kosmische Gotteserfahrung. Sie vermittelt sich ihnen vor allem in Speisen, weil insbesondere diese alle voller Axé stecken, das heißt voll göttlicher Energie, die eigentlich überall anzutreffen ist. Als Christen kennen wir eine Annäherung an den Axé: Wir haben den Geist. Für uns ist alles voll des Heiligen Geistes bzw. voll der Kräfte des Geistes. Von hier aus also können wir vielleicht verstehen, was mit dem Axé in den afrobrasilianischen Religionen gemeint ist.

Doch es kommt entscheidend darauf an, nicht allein dieses oder jenes Element zu verstehen, sondern das kulturelle Gesamtgefüge des Candomblé, im Vergleich mit der Gesamtheit unserer Kultur. Deshalb können wir uns nicht damit zufriedengeben, diesen oder jenen Aspekt an der Oberfläche zu begreifen, sondern müssen in die Tiefendimension der Anliegen unserer Afrobrasilianer hinabsteigen. Vielleicht spüren wir dann, daß die Erfahrung, um die es ihnen geht, viel radikaler und umfassender ist und Gott besser gewahrt als unsere Tradition, die jahrhundertelangen Dualismus und unversöhnte Spaltungen mit sich herumschleppt.

Frei Betto weiß von einer interessanten Begebenheit auf der römischen Bischofssynode 1971 zum Thema ›Gerechtigkeit in der Welt‹ zu berichten. Ein afrikanischer Bischof hatte verschiedene westliche Bischöfe zu einem Film über die Liturgie in seiner Diözese in Afrika eingeladen. In dem Film ging es um eine Messe unter freiem Himmel. Der Altar war ein Baumstumpf. Darum herum spielten schwarze Männer auf ihren Trommeln, und Frauen mit unverhüllten Brüsten wiegten sich in Tänzen. Männer wie Frauen waren am ganzen Körper farbenfroh bemalt. Da stand ein europäischer Bischof auf: »Ich protestiere. Was Sie uns da zeigen, ist Gotteslästerung. Absurd, das Ganze. Das ist doch nicht mehr die Liturgie der Kirche!« Doch der afrikanische Bischof entgegnete: »Schauen Sie mal! Was ich Ihnen zeige, mag keine römische Liturgie sein, aber Liturgie der Kirche ist es sehr wohl. Wäre Europa von Afrika aus evangelisiert worden, tanzten Sie heute womöglich alle mit unbekleideten und bemalten Körpern um den Altar herum.«

Hinter den Anschein schauen

Leonardo Boff

Eine der Herausforderungen, vor denen wir gegenwärtig stehen, ist die Frage, wie man sich im Rahmen der neuen Kosmologie, des neuen Weltverständnisses, Gott denken könne und sich Spiritualität vorzustellen habe.

Nicht nur unser Körper, sondern alle Körper haben sich über Millionen von Jahren entwickelt. Genau so wie unsere Psyche. Unsere Seele hat einen Weg von Millionen von Jahren hinter sich. Unsere Seele ist genau so alt wie unser Körper. Nun verweist die Leib-Geist-Einheit, die wir ja bilden, aber auf eine noch fundamentalere Gegebenheit, darauf nämlich, daß alles Energie ist — wenn auch in verschiedenen Kristallisationsformen und auf verschiedenen Gleichgewichtsebenen.

Nach diesem neuen Weltverständnis gibt es praktisch keine Materie, allenfalls tendenziell. Was es gibt, sind Energien. Energie ist die Grundrealität. Energie verdichtet sich, kommt ins Gleichgewicht und nimmt die Gestalt von Materie an. Oder sie wird komplexer, wie im Fall des menschlichen Gehirns, und tritt als Bewußtsein auf den Plan. Die große Revolution in diesem Punkt, die inzwischen auch experimentell nachgewiesen ist, brachte Albert Einstein in Gang, als er die Formel ausgab, Materie und Energie seien umkehrbar. Danach läßt sich Materie in pure Energie und Energie in Materie umwandeln. Materie und Energie sind mithin Dimensionen ein und derselben Realität. Ich habe einmal irgendwo gelesen, daß die Umwandlung eines einzigen Grammes Materie in Energie so viel Wärme freisetzt, daß 28 Milliarden Liter Wasser im Handumdrehen verdunsten.

Wir im Westen gelangten erst spät zu dieser Erkenntnis, im Gegensatz zu den Menschen im Osten, die nicht von der Materie ausgehen, sondern von der Energie. Wir kommen von materiellen Körpern zum Atom, vom Atom zu den subatomaren Teilchen und, nach einem langen Weg, schließlich von den subatomaren Teilchen zur Urenergie. Anders die Menschen im Osten. In Indien wie in Pakistan, in Japan wie in China ist das grundlegende Verständnis, daß die Basis aller Existenz kosmische Energie ist. Nirwana oder Tao, der Name ist nicht entscheidend, sind Bezeichnungen für die höchste Energie. Der Mensch ist einer der herausragendsten Träger von Energie. Das transkulturelle Symbol für Energie ist die Schlange mit dem mythologischen Namen *Ouroboros.* Im Mythos verschlingt die Schlange ihren eigenen Schwanz, so daß ein Kreis — ein *Mandala* — entsteht. Polarität gibt es noch nicht. Was es gibt, ist Energie im Gleichgewicht. Dann aber, zu einem bestimmten Zeitpunkt, richtet die Schlange ihren Kopf auf, und es ergeben sich zwei Pole: Kopf und Schwanz. So kommt es zu Materie und Energie, Männlich und Weiblich, Teilchen und Welle, Gott und Welt. Die Schlange fängt an, sich aufzurichten und hochzukriechen; und in dem Maße, in dem sie sich bewegt und hochkriecht, setzt sie Energien frei.

Im östlichen Verständnis steckt die ›Kraft der Schlange‹, die auf sanskrit *Kundalini* heißt, auch in uns. Sie schläft sozusagen in uns. Doch wacht sie auf, steigt sie in uns empor und kommt durch sieben Energieknoten, in denen ihr Kopf immer neue Kräfte aktiviert. Diese sieben vitalen Punkte, an denen jede östliche — inzwischen weltweit bekannte — Medizin ansetzt, heißen *Schakras. Schakra* bedeutet übersetzt ›Energiekonten‹ und *Kundalini,* wie gesagt, ›Kraft der Schlange‹. Doch ist *Kundalini* nicht nur die Kraft unseres körperlich-physischen Gleichgewichts und Gesundseins, sondern sie ist auch ganz wesentlich eine geistige Energie.

Mit Hilfe von Meditation und Verinnerlichung stimulieren wir unsere *Schakras.* Das erste *Schakra* ist rot und liegt im Unterleib des Menschen; dort wacht *Kundalini* auf. Hier geht es um sexuelle und biologische Vitalität. In orangefarbiges Licht gehüllt, steigt sie sodann aus dem Becken in die Gegend des Bauchnabels auf, wo es um unsere inneren Emotionen geht. Weiter sehen wir sie, gelb getönt, in der Gegend des Magens, wo die von außen kommenden Emotionen, die uns zu schaffen machen, ihren Ort haben. Und dann taucht sie, diesmal in rosa Licht, in der Brust auf, wo unsere Emotionen zu Hause sind, das heißt Liebe, Freundschaft und Einfühlungsvermögen für andere. Violett erscheint sie, wenn wir ihr im Nacken begegnen, wo die Atmung stattfindet, die, kommend und gehend, unseren ganzen Organismus ständig aufs neue belebt. Blau sehen wir sie im Nachhirn bzw. im dritten Auge, das die Fähigkeit des Menschen beherbergt, hinter den Anschein der Dinge zu schauen. Und schließlich, in der Zirbeldrüse angekommen, sendet *Kundalini* einen Strahl silbernen Lichtes vom Kopf des Menschen in das All aus. Mit Hilfe der Betrachtung können wir nun die Energie der Schlange immer wieder in uns verlebendigen, sie in unserem ganzen Körper bis zum Kopf aufsteigen lassen und uns so im gesamten Kosmos universalisieren. In der christlichen Hagiographie entspricht die Energie dem Heiligenschein. Christliche Heilige tragen die Aureole, nicht weil sie den Lichthof wirklich hätten, sondern weil er versinnbildlichen soll, daß die betreffenden Männer und Frauen einen solchen Grad an Heiligkeit und Gemeinschaft mit dem All wie mit Gott erlangt haben, daß sie die ganze Dimension des Kopfes aktivieren konnten, einschließlich sowohl des dritten Auges, das heißt der intuitiven Wahrnehmung der grundlegendsten Dinge, als auch der Zirbeldrüse, in der der Mensch ja zur absoluten Gemeinschaft mit Gott und mit dem Kosmos findet. Heiligkeit beinhaltet also immer einen integrierenden Bezug zum Ganzen.

Anderswo, in Ägypten oder bei den Mayas und Azteken, weisen bestimmte Menschen zwar keinen Lichthof auf, dafür aber eine Art Schwert, das energiegeladen von ihren Köpfen ausgeht, oder Schlangen, die auf ihnen sitzen. Wer ins Museum geht und aufmerksam die Werke fremder Kulturen betrachtet, kann dort menschlichen Gestalten begegnen, aus deren Köpfen, ja ganzen Körpern Schlangen hervortreten. Schlangen bedeuten kosmische Energien, die durch uns hindurch und über uns hinaus gehen. Das ganze Weltall gründet auf diesem Gleichgewicht der Energien.

Gott sei Dank stehen Atomwissenschaftler, Molekularbiologen und große Mystiker des Ostens heute in einem gründlichen Dialog und kommen dabei nicht selten zu beeindruckenden Annäherungen. Wir im Westen gelangen über die Materie zur Energie und die im Osten über die Energie zu Kristallisationen der Energie, das heißt zur Materie.

Dazu möchte ich das Buch der französischen Philosophin Renée Weber empfehlen, die in den USA lebt: ›Dialog mit Wissenschaftlern und Weisen‹. Weber interviewt in dem Band Atomwissenschaftler und Physiker, östliche Mystiker und christlich-katholische Mystiker in Indien, Biologen und Literaten, die sich allesamt an diesem Dialog beteiligen. In einem anderen Buch ›Gott und die Wissenschaft‹ führen die russisch-französischen Brüder Grichka und Igor Bogdanov, beide Physiker, Gespräche mit dem großen Philosophen und katholischen Theologen Jean Guitton.[43] Dabei wird etwas von der

[43] *Guitton, J.,/Bogdanov, G.,/Bogdanov, I.,* Dieu et la science: vers le métaréalisme, Paris 1992.

Kosmologie, von dem Weltbild, von der Quantenphysik, der Biologie, den jüngsten Fortschritten und von den neuen Erkenntnissen in der Astrophysik deutlich. Die drei Männer unterhalten sich über den wissenschaftlichen Wert der Weltraumreisen, während deren medizinische Tests laufen und neue Metalle sowie die Reaktionen bestimmter Elemente, aber auch der menschlichen Psyche beobachtet werden. Das Ganze macht den Eindruck eines platonischen Dialogs. Allein im Erscheinungsjahr 1992 wurden in Frankreich 700 000 Exemplare von dem Titel verkauft.

Und ein drittes Buch möchte ich empfehlen: ›Das Quanten-Sein‹ aus der Feder der Quantenphysikerin Danah Zohar[44], die darüber hinaus Philosophie und jüdisch-christliche Theologie studiert und damit eine ähnliche Bildung hat wie wir. Wichtig ist schließlich, daß die Autorin Frau ist und sich nicht scheut, den weiblichen Alltag in ihre Rede mit einfließen zu lassen. Ganz konsequent versucht sie, dem anstehenden Problem beizukommen: Wie läßt sich die klassische Physik von Newton und Galilei, der zufolge die Dinge Gewicht, Größe und räumlich-zeitliche Ausmaße haben, in Einklang bringen mit der Quantenphysik, in der es um Energien und Elementarteilchen geht? Ein Radio zum Beispiel ist in der Tat ein Konglomerat von Atomen; aber werfe ich es jemandem an den Kopf, verletze ich ihn, weil das Radio ja Gewicht hat und eine verdichtete materielle Realität ist.

Die klassische Physik hat ihre Bedeutung auf der empirischen Ebene der Sinne: Ausdehnung, Gewicht, Geruch. Unter dem Gesichtspunkt der Quantenphysik ist das Radio jedoch nicht Materie als letzte Realität. Es ist der Gleichgewichtszustand von Energien, in höchstem

44 *Zohar, D.*, The quantum self: human nature and consciousness defined by the new physics, New York 1990.

Grad von Dichte und Ausgeglichenheit. Wie aber lassen sich diese beiden Sehweisen miteinander verbinden? Wie kann ich sagen, das Brot auf dem Tisch sei eine Unendlichkeit von Energien, zugleich aber auch eine Sache, die ich essen muß, um mich zu ernähren? Wie lassen sich die beiden Welten, die beiden Formen von Physik zueinander bringen? Warum haben die eine und die andere ihren Wert? In dem, was sie sagen, stimmen sie beide.

Sollte die menschliche Psyche, ob Seele oder Geist, nicht auch eine Form von ganz raffinierter Materie oder in höchstem Maße ausgeglichene Energie sein? Danah Zohar, die als Jüdin auch eine christliche Bildung hat, versucht, derlei Fragen zu ergründen. So geht sie den Fragen nach dem Bewußtsein und nach Gott nach. Oder Unsterblichkeit: Was bedeutet sterben? Was bedeutet in den Himmel kommen? Und was bedeutet Gott in dem Ganzen?

Der Ehemann Danah Zohars ist einer der großen Psychiater in Europa. Er hat über die Neuronen im Gehirn gearbeitet, über die Erzeugung bestimmter Arten von Gedanken und von Reaktionen darauf, wenn das Gehirn mit elektrischen Reizen oder mit Drogen manipuliert wird. Was im Innern von uns vorgeht, gehört auch in dieses Ganze; und dieses aufs äußerste eine und zugleich differenzierte, aufs äußerste dynamische und zugleich ausgeglichene Universum stellt Christenmenschen Fragen, die sie bisher nie gekannt haben. Kann man wirklich sagen, die Eltern gäben den Kindern einen Teil ihrer Existenz, den Körper, während Gott ihnen den anderen Teil, die Seele, eingieße? So war die allgemeine Auffassung bisher. Und die schlägt sich auch noch im neuen Katechismus aus Rom nieder, der in diesem Sinn wahrlich alt ist und nichts von der gegenwärtigen wissenschaftlichen Produktion aufnimmt. Ist nicht vielmehr alles eine Gesamtheit? Hat nicht alles mit allem zu tun?

Die Autorin versucht, Antworten auf alle diese Fragen zu finden und zu zeigen, daß unsere Psyche schon da war im ersten Augenblick der Urenergie, den sie X nennt. Wir kennen nicht den Namen dieses nahezu mathematischen Punktes, in dem die Energie zu intensivster Konzentration gelangte. Dann aber dehnte sie sich plötzlich aus, weitete sich wie ein Ballon und explodierte. In der unvorstellbaren Hitze der Explosion bildeten sich die verschiedenen Urelemente heraus und wurden zu Bausteinen, mit deren Hilfe das ganze aus Atomen bestehende All entstand. Die erste, in rudimentärster Form harmonische Konfiguration nach der Explosion ist das Urgas mitsamt allen — wenn auch unausgeglichenen — Elementen, aus denen die Sterne und vermittels der Sterne Atome entstehen. Diese jagen durch das Weltall und bilden nach und nach weitere Seinsformen. Auch wir selbst tragen in unserem Körper und in unserer Psyche Atome, die älter sind als die Sonne und aus astralen Regionen stammen. Sie sind in uns am Werk und tragen zur Gestaltung unseres menschlichen und individuellen Soseins bei.

Zwischen den Dingen klaffen keine Brüche. Die zwischen den Dingen fließende Energie bildet ein *Kontinuum*. So hat der Omnibus, der hier gerade vorbeifährt, mit der entferntesten Milchstraße zu tun. Was ich hier sage, hat zu tun mit dem großen Knall, mit der Urexplosion.

Danah Zohar bringt den Zusammenhang auf die treffende Formel: »Alles hat mit allem zu tun, in jedem Punkt und in jedem Augenblick«.

Wenn wir uns hier über dieses Thema verständigen, dann bedeutet das, daß unsere Urenergien bzw. die Urelemente, die unsere Existenz ausmachen, bereits vor Milliarden von Jahren in Interaktion standen, um am Ende darin zusammenzuströmen, was heute hier unter uns passiert. So besteht also eine Art von hermetischem

Kreis intensivster Komplizenschaft auch mit all den Menschen, die von überallher kommen, aus Indien, aus Bolivien, aus Peru und Gott weiß woher. Nicht, daß wir uns das erstemal träfen. Nein, seit Millionen von Jahren ist dieses Treffen durch das wechselseitige Interagieren der Urmaterialien und Urenergien in uns in Vorbereitung.

Wissenschaftler, die sich mit diesem Gegenstand befassen, sind radikale Denker. Deshalb fragen sie nach einem möglichen Ende. »Was war denn, bevor es zu diesem winzigen Punkt kam — mit seiner unvorstellbaren Energie, das heißt: bevor es zum Quantenvakuum kam?« Vakuum, nicht weil der Punkt nichts beinhaltete — er steckt doch voller Energien! —, sondern weil alles unbestimmt ist. Niemand weiß etwas davon, niemand hat je etwas davon gesehen, niemand hat selbst beobachtet, wie er, wie sie zur Welt kam. Das Ganze ist ähnlich wie mit dem Auge: Das Auge sieht alles, nur sich selbst sieht es nicht. Jemand müsse doch den mathematischen Punkt voll konzentriertester Energie geschaffen haben, sagen sie. Und dieses ›Vorher‹, das alles in Gang setzte, nennen Religion und Mystik Gott. Mit ›Gott‹ bezeichnen sie jene Größe und jenen gemeinsamen Nenner, der darüber hinaus alle Entwicklungen, Beziehungen und Prozesse auch begleitet. Sie war präsent vor dem Anfang und während des Anfangs. Sie bewirkte, daß die Dinge explodierten, sich trafen und ein gewaltiges Beziehungsnetz schufen, mit astronomischen, undenkbaren Zahlen, hinter denen aber offenbar eine strukturierende höchste Intelligenz steht. Als Einstein davon erfuhr, soll er verblüfft und verwundert zugegeben haben: »Das muß aber eine unvorstellbar ordnungsbewußte Intelligenz sein!«

Das alles gilt nicht nur auf der Ebene des Makrokosmos, sondern auch des Mikrokosmos, auf der Ebene des Kleinen, sozusagen der Spitze meines Bleistiftes.

Was mag das für eine Intelligenz gewesen sein, die das alles konzipiert hat? Wir haben einen Ehrennamen dafür: Gott. Wenn wir ›Gott‹ sagen, wollen wir damit die Größe vor jeder anderen Größe bezeichnen. Also nicht irgend etwas oben im Himmel, das ein für allemal fertig wäre, dann aber mit einemmal gedacht hätte: ›Jetzt will ich aber mal die Welt schaffen‹, und schließlich tief Luft geholt hätte, so daß die Welt plötzlich da war. So zu denken wäre doch wohl etwas sehr grobschlächtig. Inzwischen können wir uns das Schöpfungswerk Gottes besser in Einklang mit unserem Weltverständnis vorstellen: daß Gott sich auf die wunderbare Logik der Wirklichkeit als Energie und Materie einläßt und den ganzen Prozeß dann auch begleitet.

Hinzu kommt das sogenannte anthropische Prinzip. Danach sind die Dinge so, weil alles so strukturiert wurde, damit wir uns hier versammeln und über alles reden können. Gäbe es auch nur eine geringfügige Schwankung im Gleichgewicht der Energien, wären wir nicht hier, und Leben wäre unmöglich. Wenn wir dennoch hier beisammen sind und uns austauschen, dann deshalb, weil das Weltall in ein Gleichgewicht kam, welches es möglich machte, daß Leben entstand und immer komplexer wurde — bis dahin, daß sich irgendwann auch Intelligenz meldete, sich dem Licht öffnete und dies alles verstand und sagte.

Der Mensch, ob Mann oder Frau, ist Teil und Bestandteil dieses Ganzen. Er ist also weder König noch Königin des Universums. Gleichwohl ist der Mensch etwas absolut Einzigartiges: Nur er kann so reden, wie wir reden. Eine Blume kann das nicht. Eine Blume redet anders. Sie verkündet auf ihre Weise die Größe des Weltalls. Sie hat ihre Botschaft und ihre Rede. Ein moderner Mensch wie Carl Gustav Jung, der tief an die ursprünglichsten kollektiven Archetypen der menschlichen Psyche rührte, wie auch jeder Lehrer des Zenbuddhismus können mit einer Blume in einen Dialog treten. Jung zog sich zurück, um sich mit Töpfen, Gabeln und Pflanzen zu unterhalten. Er spürte die Pflanze. Eine der grundlegenden Übungen zur Einführung in den Zenbuddhismus besteht darin, sich mit dem Gebirge in seiner Umgebung zu identifizieren, bis man selbst Gebirge ›wird‹, das heißt sich als Gebirge fühlt — oder: sich mit der Pflanze identifizieren, bis man sich selbst, voller Energie und Saft, als Pflanze fühlt, oder mit dem Kristall, bis man selbst Kristall ›wird‹ und jede Form von Energie absorbiert oder bis man Sonne ›wird‹ und sich schließlich mit Gott ›identifiziert‹. Anliegen dabei ist es, das Weltall zu erfüllen. Eine Übung, die die Jogis ständig halten, ist: das kosmische, blaue Licht einfangen und in Form eines Strahls tief in sich eindringen lassen. Dazu konzentrieren sie sich, öffnen sich dem Licht und weiten sich bis an die äußersten Grenzen des Alls, wo sie schließlich die Dimensionen des Ganzen erreichen.

Das alles ist ein gewaltiges mystisches Geschehen. Zenbuddhismus und Jogis sind seine großen Lehrmeister. Der gegenwärtige Prozeß der Mundialisierung erstreckt sich nicht nur auf die Wirtschaft mit ihren weltweit verknüpften Märkten, nicht nur auf Wissenschaft und Technik, sondern auch auf Subjektivität und Mystik. Wir alle lernen voneinander und entdecken so den Reichtum, den wir — ohne es zu wissen — in uns tragen, der uns westlichen Menschen indes mitunter deutlich abgeht.

Als ich mich einmal mit einem Lehrer des Zenbuddhismus aus Sri Lanka unterhielt, sagte mir dieser: »Euer Fehler ist, daß ihr euer Zentrum oben im Kopf habt. Deshalb gerät bei euch auch alles daneben. Wie wollt ihr euren Körper beugen und drehen können, wenn euer Mittelpunkt da oben liegt?« Dabei könnten doch nur ziellose Purzelbäume herauskommen, meinte er. »Die Bibel«, fügte er noch hinzu, »ist ein bißchen besser. Die

Bibel verlagert den Mittelpunkt immerhin ins Herz. Wir östlichen Menschen habe ihn im Bauch, im Nabel. Wir fühlen, denken und strukturieren die Welt vom Nabelzentrum aus, wo alle Energie ankommt und herkommt, und so finden wir unser kosmisches Gleichgewicht. Ihr seid gleichgewichtsgestört und verbreitet obendrein eure Unausgeglichenheit überall in der Welt.«

»Eure Religion«, merkte der Meister des Zenbuddhismus aus Sri Lanka noch an, »ist eine sehr junge Religion. Das Christentum ist gerade mal zweitausend Jahre alt. In meinem Kloster leben wir aus einer zwei-, drei-, vier-, ja fünftausendjährigen geistlichen Überlieferung.«

In solchen Situationen fühlt man sich als Christ — mit dem christlichen Anspruch, die geoffenbarte Wahrheit, die Mittel zum Heil und den alleinigen Weg zu Gott im Koffer zu haben — ganz schön mickrig. Das ist unsere Illusion. Natürlich müssen wir an unserer Identität festhalten, aber um Gott in allen Dingen und an allen Orten, einschließlich Chinas und Indiens, zu erkennen, dazu mangelt es uns an der nötigen Weisheit. Allenfalls erkennen wir Gott im Ausschnitt unserer weißen Kultur, in einem jüdisch-christlichen Buch, aber nicht in den Weden, in den Bhagavadgita oder in den großartigen Texten eines Chuang-tzu, eines Konfuzius oder anderer namhafter spiritueller Meister, die die Menschheit haben mündig werden und Gott und die Heiligkeit finden lassen. An Gott mit Hilfe solcher Gerüste herankommen — aber auch darüber hinaus! Wenn wir uns an Lehrmeister halten, dann nicht, um an ihren Rockschößen zu kleben, sondern um mit ihrer Hilfe weiterzukommen, das heißt: um aus der Kraft zu leben, aus der sie gelebt haben.

Wenn wir Jesus auf seinem Weg folgen, dann nicht allein, um seine Jünger bzw. Jüngerinnen zu sein oder um zu seinem Jüngerkreis zu zählen. Uns geht es darum, die Erfahrung zu machen, die er gemacht hat, und uns so als Söhne und Töchter Gottes fühlen zu können. Deshalb kann Paulus ganz intuitiv sagen, wir seien Söhne und Töchter Gottes im Sohn (vgl. Röm 8,14–17; Gal 3,26; 4,4–6). Mit anderen Worten: Wer mit dem Vater im Gespräch ist, den bzw. die erhebt er aus Gnade zur Höhe Jesu Christi. Jesu Sohn- bzw. Kindsein weitet er auf uns aus, damit auch wir Söhne und Töchter sein können.

Die Spiritualität Jesu

Frei Betto

Jesus war ein glaubender Mensch, wie wir glaubende Menschen sind. Die Katechismusvorstellung, Jesus habe die seligmachende Anschauung des Vaters genossen, sozusagen mit einem Fernseher im Kopf, der ihn fortwährend in den Himmel habe schauen lassen, ist bare Phantasterei. Als glaubender Mensch betete Jesus. Zu beten braucht aber nur, wer seine Glaubenserfahrung vertiefen muß. Wer hingegen den Vater unentwegt sehen kann, braucht nicht zu beten und kommt auch in keine Glaubenskrise. Wenn Jesus am Kreuz schreit: »Mein Gott, mein Gott, warum hast du mich verlassen?«, dann heißt das, daß er sich von Gott im Stich gelassen fühlte und die Versuchung der Wüste ihn anwandelte.

Lukas schreibt: »Jesus ging auf den Berg, um zu beten. Und er verbrachte die ganze Nacht im Gebet zu Gott« (6,12). Jesus zog sich also nicht nur zurück, um zu beten, wie der Evangelist an anderer Stelle ausdrücklich sagt, er habe sich in die Einsamkeit begeben (Lk 9,18). Sondern er widmete auch viele Stunden dem Gebet, mitunter ganze Nächte.

Jesus hat also eine Spiritualität, die nichts zu tun hat mit jenen frommen Bildern in manchen Devotionalienläden. Wenn man derartige hübsche Bilder mit herrlichen Stränden, Gebirgszügen und Sonnenuntergängen sieht und dann zum Vergleich in die Evangelien schaut, wird man feststellen, daß das ganze Leben Jesu ein ständiges Ringen war, von Anfang bis Ende, voller Konflikte, die bereits losgingen, noch ehe er geboren war.

Als sich in der damaligen patriarchalen Gesellschaft herausstellte, daß die unverheiratete Maria schwanger war, war ihr Bräutigam entsetzt. Die Leute dachten, Maria sei untreu gewesen und Josef habe sich an der Nase herumführen lassen. Beschämt wollte er sich von ihr trennen. Also mußte er erst von dem Geschehenen überzeugt werden, ohne mit irgend jemandem darüber sprechen zu können. Konflikte sind also ständige Begleiter Jesu, sein Leben lang. Konflikte hatte er nicht nur mit einigen Pharisäern, mit Sadduzäern und Gesetzeslehrern wie auch mit den Römern, sondern sogar mit der eigenen Familie. Markus erzählt, daß die Angehörigen Jesu bei einer bestimmten Gelegenheit den Eindruck gewonnen hatten, er sei von Sinnen (3,20–21). Also kamen wohlmeinende Geister zu ihm und sagten: »Sieh mal! Du mußt Kontakt mit deiner Familie pflegen. Du bist deinen Leuten eine Erklärung schuldig.« Doch Jesus reagierte nur: »Das hier sind meine Mutter und meine Geschwister. Wer den Willen Gottes erfüllt, der ist für mich Bruder und Schwester und Mutter« (Mk 3,31–35).

Manche von uns sind so erzogen worden, daß sie die Idee im Kopf sitzen haben, Jesus hätte eine monastische Spiritualität gehabt. Doch an Jesus ist nichts Monastisches. Jesus war nicht einmal Priester. Jesus war Laie. Als Jude wollte er das Judentum seiner Zeit erneuern, einschließlich des Gesetzes, das Gott dem Mose geoffenbart hatte. Wegen der Spannung, die sich daraus mit dem Establishment ergab, wurde er am Ende als Gotteslästerer und Irrlehrer verurteilt.

Was die Spiritualität Jesu, die man Spritualität des Konflikts nennen könnte, also auszeichnet, ist weder die Abwesenheit von Konflikten noch die Flucht davor. Jesus begibt sich nachgerade in brenzlige Situationen. Besonders eine Tatsache macht den Exegeten Kopfschmerzen: Warum geht Jesus ausgerechnet in dem Moment, in dem ihn die Repression am meisten bedroht, überhaupt nach Jerusalem, obschon er dort vorher doch höchst selten gewesen war?

Das Herzstück seiner Spiritualität hat Jesus, um leben und speziell mit den Konflikten leben zu können, in der Nähe zum Vater. Mit dem Vater pflegt er liebevollen Umgang. Gott erfährt er als Liebe. Nicht als lehrhaften oder theologischen Begriff. Gott ist für ihn eine affektive, herzliche Erfahrung.

Ein weiteres Charakteristikum ist, daß Jesus — wenn er Konflikte mit der Öffentlichkeit hatte — betete. Viele Menschen folgten ihm. Die Jünger und Jüngerinnen in seiner Umgebung versuchten, ihn ein wenig abzuschirmen. Manchmal schien er auch müde zu sein. Zum Essen und Schlafen blieb einfach keine Zeit. Immer wollten die Leute etwas von ihm. Trotzdem legte er Wert darauf, Zeit zu finden für die Gemeinschaft mit Gott. Kennzeichnend für die Spiritualität Jesu ist die Fähigkeit, Engagement mit Phasen des Gebets in Einklang zu bringen. Für Jesus war Aktion nicht schon gleich Gebet. Jesus machte Pausen, um zu beten. Mystiker wie auch der Verfasser des Hohenliedes bringen folgenden Vergleich: Christen und mystisch lebende Nichtchristen, die nicht immer wieder innehalten, um zu beten, sind wie Eheleute, die nicht auch mal haltmachen, um Augenblicke des intimen Gesprächs zu haben. Ohne solche Momente der Nähe und der Wärme hält keine Beziehung.

Manche Leute meinen, Aktion sei schon Gebet. Doch das ist eine sehr relative Sache. Jesus machte offensichtlich die Erfahrung, daß er sich vergleichsweise oft zurückziehen mußte, um mit dem Vater allein zu sein.

Franz von Assisi hat einmal gesagt, wenn die ganze Bibel verlorenginge, sollte man doch wenigstens ein Kapitel retten, das zehnte Kapitel des Matthäusevangeliums. Diese Verse enthielten in seinen Augen die ganze göttliche Offenbarung. Nun atmet aber gerade das zehnte Kapitel bei Matthäus die Spiritualität des Konfliktes. Was braucht es, um Christ bzw. Christin zu sein?

Was braucht es, um Jesus nachzufolgen? Bezeichnenderweise beginnt das Kapitel mit der apostolischen Dimension der Sendung, handelt dann von der Verfolgung und endet mit einem Vers, der sagt, wie großartig die Mission ist und daß man sie zuversichtlich wagen kann: »Wer einem von diesen Kleinen auch nur einen Becher frisches Wasser zu trinken gibt, weil es mein Jünger ist — amen, ich sage euch: Er wird gewiß nicht um seinen Lohn kommen« (Mt 10,42). Es ist, als wollte Jesus sagen, seine ganze Spiritualität lasse sich darin zusammenfassen, daß es darum geht, die Armen zu retten. Warum die Armen und nicht die Reichen? Weil die Tatsache, daß es Arme gibt, aufdeckt, daß Menschen mit ihrer Ungerechtigkeit das Vorhaben Gottes zunichte gemacht haben. Nirgends in der Bibel findet sich auch nur ein Vers, in dem es hieße, Gott finde Gefallen an der Armut. (Ich sage immer scherzhaft, allein wir Ordensleute legten das Gelübde der Armut ab. Nur: Wir versprechen zwar die Armut, halten uns aber nicht daran. Extreme Armut ist etwas Schlimmes, weil sie mit Ungerechtigkeit zu tun hat. Besser fände ich es da, ein Gelübde des Engagements für Gerechtigkeit abzulegen.)

Jesus liebt die Armen, weil sie unfreiwillige Opfer von Ungerechtigkeit sind und weil Ungerechtigkeit das Projekt Gottes kaputtgemacht hat. Lesen wir denn nicht schon auf den ersten Seiten der Genesis, daß Gott uns geschaffen hat, damit wir im Paradies leben? Wenn wir in Wirklichkeit aber nicht im Paradies leben, dann deshalb, weil wir durch ungerechtes Verhalten den ursprünglichen Plan Gottes ruiniert haben.

Zwei Arten von Fragen tragen die Menschen an Jesus heran. Die erste lautet: »Meister, was muß ich Gutes tun, um das ewige Leben zu gewinnen?« (Mt 19,16). Wenn man genau hinschaut, wird man bemerken, daß der Fragende — hier wie an anderen Stellen — kein Armer ist, sondern jemand, der einen sicheren Lebensunterhalt hat und sich um seine Ersparnisse im Himmel sorgt. So der Gesetzeslehrer, so Nikodemus und so der reiche Jüngling. Die Antwort, die Jesus gibt, ist zumindest ironisch. Er stellt nämlich eine Gegenfrage: »Was fragst du mich nach dem Guten?« (Mt 19,17). Die Antwort irritiert den Mann sichtlich.

Die zweite Frage geht anders. Da kommen Leute zu Jesus und sagen: »Herr, was muß ich tun? Ich bin blind und möchte gern, daß ich sehen kann. Ich hab' eine vertrocknete Hand und will arbeiten. Ich bin gelähmt und will gehen können. Meine Tochter ist krank, und mein ganzer Wunsch ist, daß sie wieder gesund wird.« Was die Menschen wollen, ist Leben in diesem Leben. So fragen nur Arme. Armut bedeutet, daß man in einem Grundrecht seines Lebens beeinträchtigt ist. Auf diese Menschen geht Jesus ernsthaft zu. Er heilt sie. Er bringt Leben in ihr Leben. Bezeichnend also, daß die Spiritualität Jesu Leben ermöglicht, insbesondere für die, die in ihrem Leben — und Leben ist die größte Gottesgabe — bedroht sind.

Vor allem uns Ordensleuten hat man die Vorstellung beigebracht, Gott wohne auf der Spitze der höchsten Berge. Sozusagen auf der Leiter moralischer Tugenden müßten wir den Berg erklimmen und den steilsten Gipfel erstürmen, weil Gott ja nur dort anzutreffen sei. Bei der Beichte fassen wir die besten Vorsätze. Nur, auf der Hälfte des Weges angekommen, begehen wir wieder so eine schwere Sünde und, mit dem Felsbrocken der Sünde am Hals, rollen wir wieder herunter. Also noch einmal von vorn anfangen!

Das ist der Sisyphusmythos. Die Sache geht so lange gut, bis ich schließlich von alledem nichts mehr wissen will. In mir wächst die Überzeugung, ich sei ein mittelmäßiger Kerl und solche Art von Leiter sei nichts für mich. Betrachtung und Mystik seien etwas für besonders Erwählte, nur nicht für mich.

Solche Art von Spiritualität ist Heuchelei. Nur ausgesprochen tugendhafte Menschen hätten das Recht, sich Gott zu nähern. Doch dieses Denken sitzt uns nun mal in den Knochen. Wenn wir gut drauf seien, kämen wir Gott ein Stück näher. Wenn es uns aber schlecht gehe, Widersprüche und Treuebrüche uns übermannten, seien wir nicht würdig, Gott zu begegnen. Im Zenbuddhismus gibt es eine Geschichte, in der ein Mönch den Meister um Erlaubnis bittet, das mitten in der Stadt gelegene Kloster zu verlassen und in die Berge zu gehen, um dort Gott zu erfahren. Der Meister gestattet ihm, drei Jahre außerhalb der Klostermauern zu verbringen. Nach drei Jahren besucht der Meister den Mönch im Gebirge und fragt ihn, ob er inzwischen Gott begegnet sei. »Noch nicht. Aber fast. Ganz habe ich ihn noch nicht erfahren. Gib mir noch einmal drei Jahre.« Der Meister willigt ein und kehrt in die Stadt zurück. Nach drei Jahren ist er wieder da: »Wie steht's?« — »Ich bin fast da. Ich hab' schon bei ihm an die Tür geklopft. Er muß sie nur noch öffnen. Gib mir eine letzte Chance!« Also ein drittes Mal drei Jahre. Als der Meister nach mittlerweile neun Jahren wieder da ist, gesteht ihm der Mönch, inzwischen habe Gott die Tür geöffnet, nur gezeigt habe er sich noch nicht. Der Meister hakt nach: »Und du bist dir sicher, daß hinter der Tür Gott wirklich anzutreffen ist?« — »Nach neun Jahren, ehrlich, glaube ich nicht mehr dran.« Darauf der Meister: »Und wo ist dann Gott?« Der Mönch zeigt hinab in die Stadt: »Da unten, im Dreck.«

Die kleine Geschichte mit dem zenbuddhistischen Mönch ist ein gutes Bild für die Spiritualität Jesu. Monastische Frömmigkeit und demonstrierte Tugendhaftigkeit sind nicht die Sache Jesu. Für Jesus gilt: Je mehr ich im Dreck stecke, desto mehr liebt mich Gott, und desto mehr muß ich mich Gott öffnen. Oder anders gesagt: Jesus schickt mich keinen Berg hinauf; und Tugend ist für ihn kein Kriterium, ob ich Gott begegnen darf. Für Jesus gibt es nur eines: Gott liebt die Menschen leidenschaftlich, unheilbar; und je dreckiger es ihnen geht, desto besser tun sie daran, sich für seine mütterliche Liebe offenzuhalten. Ist denn die Liebe einer Mutter nicht besonders groß, wenn das Kind krank und geschwächt ist oder in Gott weiß was für Verbände eingewickelt ist? Mit solch einem Kind leidet die Mutter richtig, und zu solch einem Kinde kennt ihre Liebe keine Grenzen. Auch wir müssen uns von Gott annehmen lassen — nach dem Modell der Dirne und des Diebes, ja all der Menschen, für die manche Pharisäer nur Verachtung hatten, das heißt all des Gesindels, dem Jesus dagegen mit offenen Armen begegnete. Die Eingeladenen zum großen Gastmahl sind im Gleichnis Jesu der Abschaum der Gesellschaft. Und gerade die am Rande der Hoffähigkeit lädt der Vater zu seinem großen Fest ein.

Zentrum der Spiritualität Jesu ist die Liebe. Geheuchelte Spiritualität wäre es zum Beispiel, wenn Anna ihren Mann Andreas nur nicht betrügt, weil im traditionellen, bürgerlichen Moralkodex ein ehelicher Treuebruch immer noch als Sünde und Skandal gilt. Bei Anna sind aber nun mal alle Birnen durchgebrannt, und Andreas würde auch seinerseits nicht vor einem Seitensprung zurückschrecken. Nur, die geltende Ehemoral verlangt eben gegenseitige Treue um jeden Preis. In der Spiritualität Jesu indes will Anna, trotz anderweitiger Verlockungen, Andreas so gut, daß sie wie er ihre gegenseitige Treue einfach nicht verraten können.

Auf eine Formel gebracht lautet das Konzept Jesu so: sich von Gott lieben lassen, um tugendhaft zu leben — aber nicht umgekehrt: Tugend praktizieren, um Gott zu erfahren.

Wie Jesus Gott als Vater und als Mutter erfährt

Leonardo Boff

Als Christen und Christinnen lassen wir uns auf unserem Weg zu Gott von Jesus inspirieren, konkret: von der Art und Weise, wie er seinen Weg gegangen ist. Wir wollen den Topos ›Befreiung‹ nach-vollziehen, wie er ihn voll-zogen hat. Für christliche, besser jüdisch-christliche Erfahrung ist es konstitutiv, Gott in der Geschichte wahrzunehmen, das heißt: in menschlichen Beziehungen, in der Geschichte eines Volkes, in den Konflikten, die es hat, in seinem Ringen um eigene Identität und eigenes Land. In diesem Geschehen gibt Gott seine Konturen zu erkennen.

Welche Rolle spielt Gott in der Geschichte Jesu? Jesus ist weder Eigenbrötler noch Einzelgänger. Jesus hat eine Heimat und weiß sich einem Volk zugehörig, er hat Vater und Mutter und kennt seine Verwandten. Der Mann aus Nazaret steht also in einem Beziehungsnetz, das ihm vorausgeht. Andere Beziehungen durchqueren ihn, und wieder andere reichen über ihn hinaus.

Wenn Jesus zum einen eine neue Geschichte eröffnet und ein neues Verhältnis zu Gott begründet, ist er zum anderen auch das Ergebnis einer Geschichte, wie es die Griechische Bibel ja auch in den Stammbäumen von ihm zum Ausdruck bringt. Matthäus läßt die Genealogie Jesu bei Abraham beginnen und bei Josef enden, »dem Mann Marias, von der Jesus geboren wurde« (1,1–17). Lukas hingegen führt die Linie abwärts von Josef aus, den man für den Vater Jesu hielt, über Abraham, ja Adam hinaus letztlich bis auf Gott zurück (3,23–28). Johannes seinerseits beschreibt in seinem Prolog Jesus als das bei Gott prä-existente Wort, das in dem Mann aus Nazaret[45] Fleisch wurde (1,1–18). Sowohl Matthäus als auch Lukas erwähnen Frauen im Stammbaum Jesu, einschließlich einiger Dirnen. Damit soll offenbar gesagt werden, daß Jesus vermittels seines Blutes auch an der dunklen Seite der menschlichen Geschichte teil hat. Inkarnation, Fleischwerdung bedeutet mithin, daß Jesus in all die Widersprüche eingeht, die diese Menschheit mit sich herumschleppt, um sie sich zu eigen zu machen, auf den Punkt zu bringen und von innen heraus zu erlösen.

Der historische Jesus lebte in einer Welt, die durch innere und äußere Unterdrückung geprägt war. Seit 587 v. Chr. darbte sein Volk in politischer und geschichtlicher Entfremdung, zuerst unter der Herrschaft der Babylonier, dann nacheinander der Perser, Alexander des Großen, der Mazedonier, der ägyptischen Ptolemäer und schließlich, seit 64 v. Chr., der Römer.

Glaubende Menschen in Israel empfanden die Fremdherrschaft als einen Skandal. Wie war es zu erklären, daß das Volk, welches Gott sich erwählt hatte, welches er bevorzugte und liebte, seine Freiheit verloren hatte? Aber es ging nicht nur um politische Unfreiheit, sondern auch um die Tatsache, daß sich Israel fremden Göttern zu unterwerfen hatte. Im Altertum mußten nämlich die Besiegten die Gottheiten der Siegermächte übernehmen. Jedesmal, wenn in Israel Aufstände ausbrachen, stand folgender Konflikt als Ursache im Hintergrund: Treue zum Gott Abrahams, Isaaks und Jakobs oder Kniefall vor den Göttern Babylons, Ägyptens oder Roms. Einer fremden Macht unterworfen zu sein bedeutete sowohl ein Ärgernis als auch eine Beleidigung Gottes.

[45] Mann aus Nazaret: vgl. Joh 7,41–42, wo deutlich wird, daß Johannes vermutlich nicht um eine Geburt Jesu in Betlehem gewußt hat. Auch daß Jesus von einer Jungfrau geboren wurde, klingt nirgendwo beim vierten Evangelisten an.

Jesus findet sein Volk mit der ärgerlichen Frage ringen: »Gott hat uns im Stich gelassen. Vor mittlerweile fünfhundert Jahren. Was ist das überhaupt für ein Gott, der uns aus Ägypten befreit, dann aber wieder in die Sklaverei schickt?« Jesus kommt zu der Erkenntnis, daß die Tora, das heißt das Leben nach dem Gesetz, das ja ein Weg zu Befreiung und Gotteserfahrung sein sollte, teilweise zu Gesetzesverdrehung und Haarspalterei verkommen war. So wird diskutiert, wie viele Schritte man am Sabbat gehen oder wie viele Eier man kochen dürfe. Jesus will von all dem nichts wissen und polemisiert dagegen, daß man die Gebote Gottes entleert hat und schließlich nur noch an leeren Überlieferungen hängt. Bekanntlich gerät Jesus somit in einen fundamentalen Konflikt mit den Frommen seiner Zeit, vielleicht weniger mit den Pharisäern als vielmehr mit den Priesterkreisen der Sadduzäer. Für Jesus geht es nicht primär um das Gesetz, sondern vor allem um Liebe, Freundschaft und Solidarität mit den Menschen.

Am Sabbat ruht das ganze Leben; denn die Menschen dürfen nur gut zweihundert Schritte tun. Diskutiert wird auch, wie oft man Löffel und Gabel zum Munde führen dürfe. Jesus macht mit all dem Schluß und sagt: »Der Sabbat ist für den Menschen da, nicht der Mensch für den Sabbat« (Mk 2,27). Und: »Wer von euch wird, wenn ihm am Sabbat sein Schaf in eine Grube fällt, es nicht sofort wieder herausziehen?« (Mt 12,11). Das bedeutet: Es kommt darauf an, den konstruktiven Sinn in den Dingen zu erkennen. Jesus stellt heraus, daß Treue zu Gott nicht in Legalismus besteht, sondern im Geist des Gesetzes, das heißt in Liebe, Freundschaft und Solidarität. Das ist das Opfer, das Gott will.

Welche politische Erfahrung transportiert in diesem Zusammenhang das Wort ›Reich Gottes‹, das Jesus ja in den Mittelpunkt seiner Predigt stellt? Die Schwierigkeit, die wir haben, ›Reich Gottes‹ richtig zu verstehen, besteht in der üblichen spiritualistischen und kirchenzentrierten Übersetzung der Kategorie. Matthäus, der ein guter Jude sein will, vermeidet aus Ehrfurcht das Wort ›Gott‹ und spricht somit nicht von ›Reich Gottes‹, sondern von ›Reich der Himmel‹, das heißt vom ›Himmelreich‹. Deshalb haben wir, die wir ja keine Juden sind, angefangen, uns vorzustellen, das Reich Gottes gehöre in den Himmel und nicht hierher. Für Jesus ist das nicht so. ›Reich Gottes‹ ist für Jesus die Politik Gottes innerhalb seiner Schöpfung. Deutlich macht er das schon bei seinem ersten öffentlichen Auftreten in der Synagoge von Nazaret, als er sein Programm vorstellt. Bei der Gelegenheit greift Jesus auf einen Text aus der Tradition zurück, auf eine Stelle, welche die Leute kennen. Er liest Jesaja 61,1–2: Der Herr »hat mich gesandt, damit ich den Armen eine gute Nachricht bringe; damit ich den Gefangenen die Entlassung verkünde und den Blinden das Augenlicht; damit ich die Zerschlagenen in Freiheit setze und ein Gnadenjahr des Herrn ausrufe« (Lk 4,18–19). ›Gnadenjahr des Herrn‹ war das sogenannte Jubeljahr, das Jahr der großen Befreiung: Wer sein Land verloren hatte, bekam es zurück; wer in Sklaverei geraten war, wurde wieder frei; wer sich hatte verschulden müssen, dem wurden seine Verbindlichkeiten erlassen (vgl. Lev 25,8–31). Und Jesus fügt hinzu: »Heute hat sich das Schriftwort, das ihr eben gehört habt, erfüllt« (Lk 4,21). Das Neue ist nicht, was bei Jesaja steht; das Neue ist, was Jesus sagt: daß das alles heute in Erfüllung geht, daß er das alles heute in die Tat umsetzt.

Jesu Rede ist direkt. Alle verstehen ihn. Jesus geht von den Wunden des Menschen aus, von seinen Nöten. Wer blind ist, will sehen. Was sonst? Wer im Gefängnis sitzt, will frei sein. Er sagt: »Das ist es!«

Reich Gottes bedeutet also die Befreiung des Menschen in all seinen Dimensionen. Die Evangelien zeigen, daß Jesus die Menschen befreit von Hunger und Krankheit, aus der Gefahr des Unwetters (er befiehlt dem Sturm, sich zu legen) und aus den Fängen des Todes (er weckt Tote wieder auf), aber auch von dem Gefühl, vor Gott Sünder zu sein (er vergibt Sünden). Das erste Wort, das Jesus, nach Markus, sagt, lautet: »Das Reich Gottes ist nahe. Kehrt um, und glaubt an die Gute Nachricht!« (1,15). Nicht, daß das Reich Gottes demnächst kommen wird, es ist gekommen! Wir brauchen nicht mehr zu warten. Das Reich Gottes ist schon mitten unter uns (vgl. Lk 17,21). Das ist das Neue an der Verkündigung Jesu, das ihn von anderen traditionellen Propheten unterscheidet, die verbreiteten, das Reich Gottes werde kommen.

Später, insbesondere nach der Auferstehung, haben sich die Anhänger und Anhängerinnen Jesu klarzuwerden, ob jemand mit solch einem Anspruch verrückt ist oder Sohn Gottes. Da er offensichtlich nicht verrückt ist, ist er Sohn Gottes. Die Sache ist ungefähr so, als sagte ich: »Leute, ich bin zu euch gekommen, um euch das ewige Heil zu bringen. Glaubt an mich, und ihr werdet allesamt von hier aus in den Himmel kommen!« Sie würden mich sofort in die Heilanstalt bringen. Heilanstalten sind ja voll von Napoleons, Newtons, Jesus Christussen und sonst irgendwelchen Propheten. Aber genau so hat Jesus geredet. Einige haben ihm sogar geglaubt. Und wir stehen im selben Glauben, weil er uns Sinn eröffnet.

Und wie erfährt Jesus, unter diesen Bedingungen von Unterdrückung, Entfremdung und Gott? Als Befreiung! Reich Gottes bedeutet folglich, daß nunmehr eine Politik im Sinne Gottes Platz greift, in der das Leben von verkommenen sozialen Beziehungen befreit und die Natur nicht mehr aggressiv ausgebeutet, sondern zum Nutzen aller nachhaltig gepflegt wird.

Doch Jesus erfährt Gott nicht nur als Befreiung, sondern er gewahrt auch, daß Gott selbst hinter dem

Prozeß der Befreiung steht. So sagt der Evangelist Johannes treffend: »Mein Vater ist noch immer am Werk, und auch ich bin am Werk« (5,17). Das Neue an der Gotteserfahrung Jesu — und das ist zugleich das größte Erbe, das er uns hinterlassen hat — besteht weder darin, daß er Gott als mächtigen Herrn der Heerscharen erlebt noch als Gott, der mit seinem Volk auf dem Weg ist und die Menschen tröstet. Das Neue an der Gotteserfahrung Jesu ist der Akzent von Affektivität und Intimität, daß er ihn »Papa« nennen kann, weil Gott ja ein Vater von grenzenloser Güte und Zärtlichkeit ist, kein unnahbarer Vater, der immer gleich droht, sondern ein warmer und naher Vater. Wenn Jesus schildert, wie sich Gott verhält, entwirft er keine Theologie des Vaters; er zeigt schlicht, wie Gott handelt. Das erste Attribut Gottes als Vater ist Barmherzigkeit. Im Hebräischen ist der Begriff ›Barmherzigkeit‹ verwandt mit dem Wort ›Gebärmutter‹. Damit soll offensichtlich gesagt werden, daß Gott auch Mutter ist, daß er menschliches Leid aus der Nähe kennt und ein offenes Ohr hat für das Schreien der Unterdrückten. Gott ist den Menschen nahe, um ihnen, wie eine Mutter, die Tränen abzuwischen, um sie auf dem Arm zu tragen, sie zu trösten und ihnen zu sagen: »Gott liebt euch alle«. In der Sprache des Evangeliums heißt das: Gott »läßt seine Sonne aufgehen über Bösen und Guten, und er läßt regnen über Gerechte und Ungerechte« (Mt 5,45), oder: »Er ist gütig auch gegen die Undankbaren und Bösen« (Lk 6,35). Und da wir alle unseren Anteil am Bösen, das heißt unsere undankbare und dunkle Seite haben, ist es nur gut, daß uns jemand sagt: Was für ein Leben du auch führen magst, Gott liebt dich; auch wenn du undankbar und böse bist, Gott liebt dich, so wie du bist. So besteht das primäre Merkmal der Haltung Jesu, wie Johannes treffend schreibt, darin, allen gegenüber offen zu sein: »Wer immer zu mir kommt, den werde ich nicht abweisen« (6,37). Können so etwas auch die Kirchen von sich behaupten? Oder wir von uns? Kann auch jeder von uns bzw. jede von uns sagen: Wenn jemand zu mir kommt, kann er, kann sie mit offenen Armen rechnen?

Jesus setzt seine Erfahrung, daß Gott alle annimmt, Barmherzigkeit walten läßt und Vater und Mutter ist, also in Leben um. Wer ›Vater‹ sagt, fühlt sich natürlich auch als Kind. Damit rühren wir an eine weitere Dimension in der Erfahrung Jesu: Jesus fühlt sich als Kind, allerdings nicht als Kind, das neurotisch an den Eltern klebt, sondern als Kind, das einen Plan vom Reich Gottes hat, eine Strategie zum Predigen verfolgt, sich mit Konflikten auseinandersetzt und das Bewußtsein hat, von diesem Vater gesandt zu sein, um ein Werk der Befreiung in die Tat umzusetzen, das immer von den Menschen und von deren jeweiliger Befindlichkeit ausgeht.

Da sich Jesus als Kind fühlt, wird ihm klar, daß Liebe zu Gott und Liebe zum Nächsten eine einzige Bewegung sind. So formuliert er das eine umfassende Liebesgebot. Und deshalb trifft Johannes in seinem Ersten Brief auch sozusagen den Nagel auf den Kopf: »Wenn jemand sagt: Ich liebe Gott!, aber seinen Bruder haßt, ist er ein Lügner. Denn wer seinen Bruder nicht liebt, den er sieht, kann Gott nicht lieben, den er nicht sieht« (4,20). Das bedeutet also, daß es nicht zwei Liebesimpulse gibt, einen in Richtung Gott und den anderen in Richtung Nächsten. Es gibt nur eine einzige Liebesbewegung, die — mit den Mitmenschen im Arm — bei Gott an ihr Ziel kommt. Und wer Liebe hat, hat im Grunde alles. Erlösung geschieht auf diesem Weg. Nicht die Predigt über das Evangelium rettet, sondern die Praxis von Solidarität und Liebe.

Die Erfahrung der Kindschaft gibt Jesus nun weiter an uns. Auch wir sind Kinder, das heißt Söhne und

Töchter des einen Vaters. Jesus ist unser Bruder. Jesus ist ein konkreter Mensch, genauerhin ein Jude, mit einem präzisen Geburts- und Todestag. Die Evangelien wollen die Daten genau markieren: geboren unter Kaiser Augustus und gestorben unter Pontius Pilatus. Mit anderen Worten: Jesus von Nazaret ist genau so ein Mensch wie wir. Wenn er sich als Sohn fühlt, dann sind auch wir Söhne und Töchter im Sohn. Allerdings müssen wir wissen, daß es hier nicht um Ursächlichkeit geht, wie zwischen leiblichen Eltern und ihren Kindern, sondern um Nähe und Vertrauen. Sohn- und Tochtersein ist eine Beziehung, die dichter oder lockerer sein kann. Es gibt ja Kinder, die weggehen, rebellieren oder die Eltern verraten, wie es umgekehrt Kinder gibt, die ausgemacht anhänglich und liebevoll zu ihren Eltern sind. Jesus nun gibt uns Anteil an der Liebesbeziehung des Vaters — oder auch der Mutter — zu ihm. Wir leben alle im Hause des Vaters und sind alle seine Söhne und Töchter.

Dank dem Reich Gottes, dessen Anbruch Jesus verkündet, hat seine Predigt eine engagierte, kämpferische Seite. Der Bote des Reiches Gottes tritt dem Antireich entgegen, das heißt: Legalismus und Korruption, Lüge und Mißbrauch der Religion. Aus diesem Grund endet Jesus schließlich auch als Märtyrer. Der Märtyrertod ist der Preis, den es zu zahlen gilt, soll unter den Bedingungen eines Antireiches das Reich Gottes Wirklichkeit werden. Üble Nachrede, Verfolgung und eventuell Mord sind unausweichlich. Jesus wird umgebracht. Jesus stirbt deshalb auch nicht im Bett, sondern am Kreuz. Das Kreuz ist ein politischer Mord. Jesus hat seinen Tod nicht gewollt. Im Hebräerbrief lesen wir, der Tod sei auch für ihn eine Schmach gewesen. Wörtlich heißt es: »Als er auf Erden lebte, hat er mit lautem Schreien und unter Tränen Gebete und Bitten vor den gebracht, der ihn aus dem Tod retten konnte, und er ist *nicht* aus seiner Angst befreit worden« (5,7).[46] In den Evangelien wird sogar erzählt, er habe aus Angst Blut geschwitzt. Ein Mitbruder von Frei Betto, der große Exeget an der Jerusalemer Bibelschule, Pierre Benoît, schreibt, er habe während des Zweiten Weltkriegs einen seiner Mitbrüder, den die Nazis in Frankreich zum Tode verurteilt hatten, zu begleiten und während der letzten Nacht auf den Tod vorzubereiten gehabt. Offenbar habe der Verurteilte solche Angst gehabt, daß ihm am ganzen Körper Blut aus den Poren getreten sei. Bekanntlich hat auch Jesus diese Erfahrung gemacht. Es führt kein Weg daran vorbei, einzuräumen: Jesus hat Angst gehabt, verhaftet und gefoltert zu werden. Jesus wollte nicht das Kreuz.

Unbeschadet dessen war Jesus auch ein Kontemplativer. Kontemplativen Menschen gelingt es, die Dinge zu sakramentalisieren. In einer Blume erkennen sie Gott. An den Lilien auf dem Feld erkennen sie, wie sehr Gott sich um sie kümmert. Staunend beobachten sie die Vögel: »Wie kann so etwas nur sein! Vögel säen nicht und ernten nicht, und dennoch leben sie. Das kann doch nur das Werk Gottes selbst sein!« Um zu erklären, was ›Reich Gottes‹ ist, greift Jesus sogar zu Beispielen aus der zeitgenössischen Chronik: Da hat jemand eine Betrügerei begangen, bei der Verwaltung eines Landgutes in die eigene Tasche gewirtschaftet und, um sich Freunde zu machen, irgendwelchen Leuten ihre Schulden nachgelassen. Auf einen solchen Halunken bezieht sich Jesus also und sagt: »Genau so ist es mit dem Reich Gottes. Es ist wie dieser Gauner, der sich die Lage zu-

[46] In der deutschen Einheitsübersetzung des Neuen Testaments heißt es genau umgekehrt: »... und er ist erhört und aus seiner Angst befreit worden.« Ob der Satz positiv oder negativ zu lesen sei, ist in der Bibelwissenschaft umstritten. Manche Exegeten nehmen an, der griechische Urtext, der ursprünglich negativ gelautet habe, sei an dieser Stelle zerstört; irgendwann sei das ›nicht‹ entfernt worden, weil die ›Nichterhöhung‹ Christi gar zu anstößig gewesen sei.

nutze zu machen weiß.« Oder ein anderes Beispiel, wie es sich anbot, als jemand nächtens überfallen wurde: »Gott kommt wie ein Dieb«. Was Jesus sagen will, ist: Seid auf der Hut! Jesus ist eben kein Moralist, für den das Leben nur helle Seiten hätte. Um zu verdeutlichen, was Reich Gottes ist, nimmt Jesus das Leben, wie es ist, und schrickt auch nicht vor dessen dunklen Seiten zurück.

Kontemplativen Menschen gelingt es, die Dinge mit Gott in Verbindung zu bringen. Jesus zieht sich zurück, um zu beten, das heißt: um mit Gott ein inniges Gespräch zu führen. Allerdings führen die Evangelien nirgendwo aus, wie wir uns das Zwiegespräch vorzustellen haben. Es bleibt ein Geheimnis. Dafür können wir es aber ungefähr erahnen. Als ihn die Jünger nämlich einmal baten, ihnen das Beten beizubringen, lehrte er sie das bemerkenswerte Gebet, das die beiden Grundimpulse des Menschen zusammenbindet, den nach oben: das *Unser Vater,* und den nach unten: das *Unser Brot.* Der Einsatz für Gott läßt sich nicht trennen vom Einsatz für Brot. Beide gehören zusammen. Auch Jesus faßt sie in seinem Gebet zusammen. Nur mystische und kontemplative Menschen bringen die Verbindung zustande.

Jesus war ein Mann des Glaubens. Schauen wir noch einmal in den Hebräerbrief! Dort heißt es: »Laßt uns mit Ausdauer in dem Wettkampf laufen, der uns aufgetragen ist, und dabei auf Jesus blicken, den Urheber und Vollender des Glaubens!« (12,1–2). Das ganze Kapitel, das dieser Stelle vorausgeht, schildert uns ein Heer von Glaubenden, angefangen mit Abraham bis hin zu jenen Frauen, die ihre Toten durch Auferstehung zurückerhielten (11,35). Einige von diesen Männern und Frauen hatten Böses zu erleiden. Die einen wurden verhaftet, die anderen gefoltert, wieder andere mußten fliehen und sich in Höhlen versteckt halten. Der Verfasser des Schreibens schließt seine Darlegungen zu der »Wolke von Zeugen« (Hebr 12,1) ab, indem er Jesus als den Anführer des Glaubens an die Spitze dieses ganzen Zuges stellt und all die Menschen in ihrem Glauben ermutigen und bestärken läßt. Glaube im biblischen Sinn, den vielleicht kein anderer treffender definiert hat als ausgerechnet Friedrich Nietzsche, bedeutet ›Amen‹ sagen zu den Dingen, wie sie sind. ›Glauben‹ kommt im Hebräischen von derselben Wurzel wie ›Amen‹ und heißt so viel wie ›Ja‹ sagen: ›Ja, die Welt ist gut‹. Glauben heißt dieses grundlegende Vertrauen haben, daß die Welt gut ist, weil Gott gut ist. Jesus hatte diesen Glauben. Nur: Glauben muß auch wachsen und Krisen bestehen. So machte Jesus die leidvolle Erfahrung, daß sein Glaube versucht wurde. Wir hatten bereits auf die Stelle im Hebräerbrief verwiesen, an der Jesus wie einer bzw. wie eine von uns versucht wurde. Unter Tränen habe er Gott angefleht, ihn vom Tod zu befreien; doch er habe lernen müssen, auch im Leid gehorsam zu sein. Zu gehorchen fällt niemandem leicht, niemand läßt sich gern auf das Schema anderer ein. So mußte auch Jesus Gehorsam im Leiden lernen, mit anderen Worten: sich in den Glauben hinein fallen lassen, auf das Schema Gottes eingehen. Möglicherweise war die Zeit am Kreuz für Jesus die größte Versuchung. Er, der das Reich Gottes gepredigt und verheißen hatte, endete am Kreuz. Deshalb stößt er vom Kreuz herab auch den Schrei aus, den die Theologen bis heute nicht recht zu deuten wissen: »Mein Gott, mein Gott, warum hast du mich verlassen?« Für mich hat jede Christologie mit diesem Satz zu beginnen. Jesus fühlt sich im Stich gelassen und stirbt. Gott greift nicht ein, um seinen Messias zu retten. Trotzdem ruft er: »Mein Gott, mein Gott« (Mk 15,34) und — an anderer Stelle: »Mein Vater!« (Lk 23,46). Jesus hat Glauben auch in totaler Finsternis. Und dieser Glaube führt ihn zur Auferstehung.

Die Herausforderungen des Gebetes — Wie beten?

Frei Betto

Gott liebt die Menschen nicht, wie man uns das im Katechismusunterricht beibringen wollte: Er liebe mich um so mehr, je reiner ich sei. In der Spiritualität Jesu ist es gerade umgekehrt. Gott liebt mich um so mehr, je mehr ich seine Liebe brauche. Jesus sagt: »Ich bin nicht der Frommen, sondern der Sünder wegen gekommen. Wer gesund ist, braucht keinen Arzt« (vgl. Mt 9,12; Mk 2,17; Lk 5,31). Daraus folgt: Gerade wenn es mir am dreckigsten geht, steht er mir zur Seite.

Nicht selten stellen wir das Beten ein, weil wir Angst davor haben, Gott willkommen zu sein. Denn Gott willkommen sein erfordert von uns, wie jede Erfahrung, geliebt zu sein, daß wir unser Leben ändern. Oft genug machen wir mit dem Beten Schluß und gehen weiter unseren Trott, weil wir eine Heidenangst vor der Begegnung mit Gott haben. Das ist unsere Freiheit. Gott respektiert voll und ganz unsere Freiheit, einschließlich der Freiheit, uns von ihm abzuwenden. Aber das heißt nicht, daß seine Liebe zu uns erkaltet. Gottes Liebe kennt keine Bedingungen, mag sie sich auf uns richten oder nicht. Liebe gehört zum Wesen Gottes.

Männer und Frauen, die in der Pastoral mit dem verarmten Volk engagiert sind, finden in der Regel zwar Gelegenheit für Gemeinschaftsgebet und Liturgie, weniger aber für das persönliche Gebet. Deshalb wollen wir unser Augenmerk hier vor allem darauf lenken. Als westliche Christen tun wir uns in der Tat schwer, uns in das persönliche Gebet zu vertiefen, weil es uns an der entsprechenden Unterweisung und an der geeigneten Methode dazu fehlt.

Gebet ist wie Nahrung. Menschen können zwei, drei oder sogar mehr Tage leben, ohne zu essen, vielleicht sogar, ohne zu trinken. Aber ab einem bestimmten Augenblick ist der Körper überfordert, und er fängt an, sich geschwächt zu fühlen. Genau das Gleiche passiert auch mit der Spiritualität, wenn man nicht mehr betet. Der Unterschied ist nur der, daß der Körper noch einige Zeit funktioniert, das geistig-geistliche Leben hingegen abbaut und an Tiefe verliert, wenn man nicht einmal anhält, um zu beten. Oder anders gesagt: Anhalten, um zu beten, ist genau so wichtig wie anhalten, um sich zu ernähren und so Körper und Geist funktionsfähig zu halten, oder wie anhalten, um zu schlafen und so am folgenden Tag wieder auf dem Damm zu sein.

Warum machen wir nicht einmal eine Pause, um zu beten? Und seien es auch nur zehn Minuten, eine Viertel- oder eine halbe Stunde, zweimal die Woche! Wir gönnen uns nicht die Zeit, wie Jesus es tat, weil wir in einer Kultur unter dem Diktat jener bürgerlichen liberalen bzw. neoliberalen Ideologie leben, der zufolge Zeit und Leistung aufs engste miteinander zu tun haben. *Time is money.* Zeitverlust ist unverzeihlich. Je mehr wir uns um unsere Leistung Sorge machen, desto mehr drängen wir auf die Zeit. Die Schwierigkeit besteht eben in diesem kulturellen Problem; denn Beten ist Zeitverlust. Wer betet, erhofft sich keinen unmittelbaren Vorteil. Die Verfasser der Bibel wie die Mystiker vergleichen die Erfahrung des Gebetes mit der Erfahrung der menschlichen Liebe. Man stelle sich vor, ein Vater sagte seiner Tochter: »Warst du nicht erst gestern abend bei deinem Freund? Und warum willst du da heute schon wieder hin? Ich mach' dir einen Vorschlag: Du gehst heute noch einmal, erzählst deinem Freund alles, was du zu erzählen hast, und sagst ihm Bescheid, daß ihr euch erst in der kommenden Woche wiedersehen werdet.« Absurd, oder? So eine Logik, die die Liebe unter Menschen nur kaputtmachen würde, dürfte es eigentlich auch im Verhältnis zu Gott nicht geben. Aber da verhalten wir uns ganz anders, weil wir Sklaven einer auf Zeitersparnis und Leistung getrimmten Mentalität sind, während Gebet reine Ungeschuldetheit und Verdanktheit ist. Beten gehört nicht in die Sphäre des Zwanges wie Arbeiten, Lernen, Schlafen und Essen. Beten gehört, wie Lieben, in die Sphäre der verdankten und ungeschuldeten Zwecklosigkeit. Wer nicht bereit ist, etwas von seiner Zeit zu vertun, wird sich schwerlich dieser Dynamik anheimgeben können.

Als ich in Presidente Wenceslau (im Bundesstaat São Paulo) zusammen mit gewöhnlichen Häftlingen im Gefängnis saß, hatten wir dort einen jungen Mitgefangenen, der fortwährend eine solche Heiterkeit ausstrahlte, daß er den Spitznamen *Lächelchen* abbekommen hatte. Der junge Mann war damals achtundzwanzig Jahre alt, saß seit dem Alter von achtzehn Jahren im Knast und hatte insgesamt achtundvierzig Jahre abzusitzen, wegen doppelten Raubmordes. *Lächelchen* ist einer der Mystiker, denen ich im Laufe meines Lebens begegnet bin. Ohne Zweifel hatte er eine ganz intensive Gotteserfahrung. Er war von einem Prediger der ›Gottesversammlung‹ bekehrt worden. Dieser Mann, der in meinen Augen — im Vergleich zu allen Geistlichen, die ins Gefängnis kamen, einschließlich des katholischen Pfarrers — am konsequentesten im Sinne des Evangeliums lebten, hatte *Lächelchen* ins Gebetsleben eingeführt. Nur, daß dieser dank seiner Intuition und als persönliche Antwort auf das Geschenk von seiten Gottes die Gebetserfahrung deutlich vertiefen konnte, obwohl er zuvor nie, auch nicht im simpelsten Katechismusunterricht, eine entsprechende Einleitung zu dem, was er jetzt lebte, bekommen hatte.

Als ich Kind war, kam in das private Schwimmbad, in das wir in Belo Horizonte von Zeit zu Zeit gingen, eines

Tages ein Indianer, um zu schwimmen. Er machte uns allen etwas vor. Aber von irgendwelchem Schwimmstil hatte der Mann keine Ahnung. *Lächelchen* war so ungefähr wie dieser Indianer: ein zutiefst mystischer Mensch, der aber nie von Theologie, von Mystik oder von was weiß ich sonst gehört hatte. Beeindruckend, solch eine urwüchsige Erfahrung miterleben zu können. An den Früchten spürte ich, daß er ein Mystiker war. Ich fragte ihn, wie er bete. Seine Antwort: »Weißt du, Betto, die Tageszeit, die ich hier im Knast am meisten mag, ist, wenn die Erholung zu Ende ist.[47] Dann gehe ich in meine Zelle zurück und spreche mit Gott. Manchmal schaue ich dabei durchs Fenster, bis es Morgen wird, ohne daß ich gemerkt hätte, daß die Nacht schon vorbei ist. Geschlafen habe ich dann nicht, aber müde fühle ich mich dann auch nicht.«

So etwas ist charakteristisch für Mystik. Mystiker haben ein anderes Verhältnis zur Zeit. Die Zeit ist immer zu kurz für sie. Vielleicht kann man die Zeiterfahrung eines Mystikers mit der Relativitätstheorie Albert Einsteins vergleichen. Fünf Minuten in der Schlange am Postschalter sind fünf Jahrhunderte; und fünf Stunden auf einem Fest sind fünf Minuten. Mystische Menschen versinken in eine solchermaßen fruchtbare und mitreißende Liebesleidenschaft, daß sie die ganze Nacht im Gebet verbringen können und sich dann noch beklagen, daß sie irgendwann doch noch Schluß machen und in den Alltag zurückkehren müssen.

Wie ist so etwas möglich? Der erste unerläßliche Schritt in die Richtung besteht darin, sich Zeit freizuhalten für das Gebet. Wenn ich mir einen Tagesplan aufstelle, in dem Essen, Schlafen, Begegnungen und diese

[47] Presidente Wenceslau war ein Hochsicherheitsgefängnis mit Einzelhaft. Zur Erholung von 18,00 bis 20,00 Uhr wurden die Inhaftierten jedoch zusammengelegt.

oder jene Arbeit vorgesehen sind, dann habe ich in dem Tagesplan auch eine Zeit festzuhalten für das Gebet. Andernfalls bleibt's beim guten Vorsatz. Schwimmen lernt man beim Schwimmen, und geistliches Leben lernt man, indem man es lebt. Ein theoretisches Rezept gibt es nicht, wohl aber eine entsprechende Praxis, die man Tag für Tag pflegt oder auch nicht pflegt. Das westliche Christentum hat das große Problem, daß es es gern mit theoretischen Vorstellungen bewandt sein läßt. Wir haben Bibliotheken, Kurse, Handbücher und Sammlungen von Mystikern. Ein Buch möchte ich sogar empfehlen, nämlich ›Wolke des Nichtwissens‹ aus der Feder eines unbekannten englischen Mystikers des 14. Jahrhunderts. Obwohl auf den ersten Blick nicht ganz leicht, ist es doch sehr lehrreich. Seine Spiritualität ist wenig asketisch, dafür aber um so erotischer. Natürlich gibt es über die Maßen asketische Mystiker und Mystikerinnen, an denen sich heutige Leser und Leserinnen nur reiben würden.

Eine weitere Hilfe in der Schule des Gebetes ist eine kontinuierliche geistliche Lektüre. Die Gnade setzt die Natur voraus. Mit anderen Worten: Wer die Ohren nicht aufsperrt, hört Gott auch nicht. Wer sein Herz nicht öffnet, kann die Gnade auch nicht entgegennehmen. Damit der Geist Gottes in uns zum Zuge kommt, müssen wir zunächst gewissermaßen einen Aperitif nehmen. Der Appetit kommt beim Essen. Und im geistlichen Leben ist der Aperitif normalerweise eine geistliche Lesung, ein Stück aus der Bibel oder der Text eines Mystikers, Gedanken über das geistig-geistliche Leben oder über das Gebet.

Ein drittes. Wenn man sich im Fernsehen einmal eine Sendung mit einer dieser Sexberaterinnen anschaut und diese zweihundert Paare befragen sieht, wie ihr geschlechtliches Verhalten sei, werden die Gefragten von zweihundert verschiedenen Erfahrungen berichten. So verschieden die Schilderungen sind, sind sie im Grunde doch alle gleich. Im Gebetsleben ist die Sache ähnlich. Gebetsleben und Gebetserfahrung des einen sollte man nie mit denen des bzw. der anderen vergleichen. Werten ist erst recht nicht angesagt. Alle haben ihr Gebetsleben und ihre Gebetserfahrung, entsprechend ihrer Art, ihrem Stil, ihrer Persönlichkeit, ihrem Charakter und der Zeit, in der sie nun gerade leben. So beten manche Menschen besonders gern und überzeugend den Rosenkranz, und wir haben das zu achten, obwohl ich selbst zum Beispiel mit dem Rosenkranz nichts anfangen kann. Möglicherweise ist der Rosenkranz für mich eine mechanische Angelegenheit, obgleich ich auch Leute kenne, für die er sozusagen der Aperitif ist, der sie erst richtig disponiert.

Manche Menschen beten vorzugsweise kniend, andere sitzend, was auch berechtigt ist. Daraus können wir nur folgern, daß die körperliche Haltung für das Beten äußerst wichtig ist. Ähnlich wie beim Tanzen. Beim Tanzen braucht man Musik, beim Beten Anreize. Aber nicht die Musik tanzt deinetwegen, du tanzt der Musik wegen. Einmal angeregt, läßt du dich auf das geistliche Leben ein. Nur, auch beim Tanzen gilt: Keiner tanzt wie der andere. Auf ein und dieselbe Musik tanzen alle anders. Ich kenne Leute, die zu Hause keine Stelle haben, sich zurückzuziehen. Was machen sie? Sie steigen zwei, drei Stationen früher aus dem Bus, gehen den Rest des Heimwegs zu Fuß und beten. Es macht ihnen Spaß, im Gehen zu beten. Und während sie so durch die Straßen laufen, sind sie mit sich und mit Gott ganz allein. Wieder andere lieben es, in eine Kirche zu gehen und dort zu beten.

Merkwürdig ist nur eines: In keiner einzigen mystischen Überlieferung — und ich habe einige davon versucht kennenzulernen — wird empfohlen, im Liegen zu beten. In einigen Traditionen ist es sogar ausdrücklich untersagt, weil dies die einzige Haltung sei, in der man wirklich nicht beten könne. Johannes vom Kreuz ist unzweideutig: »Komm' mir nicht mit der Geschichte, du betetest im Liegen! Das ist nichts anderes als Schläfrigkeit.«

In der hinduistischen Tradition ist die Wirbelsäule unser Blitzableiter. Da sie die göttliche Energie auffange, müsse sie aufrecht zum Himmel gewandt sein. Deshalb kann man sitzend, kniend, stehend und vor allem im Lotossitz beten, das heißt mit gekreuzten Beinen und geöffneten Zehen. Östliche Weisheit fragt nicht nach den wissenschaftlichen Gründen, weshalb dies die günstigste Haltung sei. Allein die Erfahrung genügt, daß dem so ist. Dennoch haben sich Mediziner mit der Lotoshaltung befaßt und etwas Interessantes herausgefunden: Wenn man in der Lotoshaltung sitzt, nimmt die Zirkulation des Blutes von der Hüfte ab nach unten ab, steigt hingegen von der Hüfte ab nach oben, vor allem im Gehirn. Die gesteigerte Durchblutung des Gehirns macht den Menschen wacher.

Ein anderer Rat lautet: die eigene Atmung wahrnehmen! — wo man sich auch befindet, ob in der Straßenbahn, in einer Versammlung oder bei der Arbeit. Dabei geht es jedoch nicht darum, die Atmung willentlich zu beeinflussen, sondern darum, den Rhythmus von Einatmen und Ausatmen achtsam zu verfolgen. Zwei positive Wirkungen stellen sich unmittelbar ein: Zum einen konzentriert man sich geistig, und zum anderen bekommt das Gehirn eine bessere Sauerstoffzufuhr. Wenn man angespannt ist, hält man die Atmung an, die Muskeln versteifen sich, und das Gehirn bekommt weniger Sauerstoff. Die Folge ist: Der vermehrte Kohlenstoff im Gehirn führt zu mentaler Trägheit und Schläfrigkeit. Auf seine Atmung zu achten ist in der Tat eine höchst wichtige Sache.

Des weiteren sollte man alles von sich fernhalten, was die innere Harmonie stört. Das ist natürlich von

Mensch zu Mensch und von Situation zu Situation verschieden. So kann ich zum Beispiel bei Tisch einen Heißhunger auf das Fleisch oder auf die Nachspeise spüren. Dann möchte ich das beste Stück oder die größte Portion. Das gerade aber geht nicht. Im Moment mag es schwierig sein, nein zu sagen; aber das Nein stellt die seelische Harmonie wieder her und gibt uns eine große innere Genugtuung. Wenn man in Brasilien in ein Haus kommt, stellen die Leute, die man da besucht, in der Regel — höflichkeitshalber — das Fernsehen an. Der Gast soll doch etwas von der Welt mitbekommen! Aber das sollten wir nicht mehr tun. Besser ist es, sich zu bescheiden mit dem Geräuschpegel oder, allgemeiner, das Ohr, das Auge und den Geschmackssinn einmal fasten zu lassen. Das alles sind Formen, unsere innere Harmonie wiederherzustellen und uns die Fenster offen-, das heißt: die Sinne wachzuhalten. Manche Menschen legen auch in der Woche einen Fasttag ein. Solch ein Fasttag ist nicht nur gut für die Gesundheit, weil er den Körper von allen Giftstoffen reinigt, sondern auch, weil er ein Werkzeug der Selbstkontrolle über unsere Sinne ist. Wir sollten in der Tat immer wieder mal einen Tag nur frühstücken oder nur Saft oder Wasser trinken und das Essen sein lassen! Alles das erscheint einem beim ersten Mal komisch, ja mutet wie ein Gewaltakt gegen den eigenen Körper an; der Körper schreit, fordert und geht bildlich auf die Straße für das, was er will. Aber man kann sich daran gewöhnen.

Ein anderer Punkt ist die Kontrolle über den Geist. Große Mystiker lassen sich von nichts beunruhigen. Carl Gustav Jung hat sich auch mit der Psychologie des Mystikers beschäftigt. Er kommt zu der Erkenntnis, daß Menschen mit großer psychologischer Reife immer Mystiker sind. Es gibt keinen Menschen auf der Erde, der psychologisch reifer wäre als der Mystiker bzw. die Mystikerin. Das heißt nicht, daß mystische Menschen nicht auch ihre Ecken und Kanten hätten, sondern nur, daß sie voll in innerer Harmonie mit sich selbst stehen. Schließlich fand Jung heraus, daß Mystiker weder Sehnsucht nach der Vergangenheit noch, viel weniger, Angst vor der Zukunft haben.

Der Zenbuddhismus geht mit dem Ganzen auf eine scheinbar merkwürdige Weise um. Hat jemand ein Problem, schließt er einen Vertrag mit sich selbst. Gott vertraut er die eine Hälfte seines Problems an — und die andere der Zeit, die alles klärt. Gott und Zeit lösen alle Probleme. Was soll man sich da sorgen? Unser Geist ist, wie Fernando Pessoa sagt, der Wahnsinnskerl im Haus. Über den Geist dringen alle negativen Energien in uns ein: Empfindlichkeit und Rache, Neid und Unlust, der Hang, andere beurteilen zu wollen, und die Lust, sich mit anderen zu messen. Mystik setzt die Kontrolle des Geistes voraus. Methoden dazu gibt es viele. Nur zwei oder drei möchte ich vorstellen.

Da gibt es zunächst das Mantra, und zwar als subjektives und objektives Mantra. Das objektive Mantra besteht darin, mit dem Blick einen Punkt zu fixieren, sagen wir ein geometrisches Gebilde, und sich ganz auf diese Figur zu konzentrieren. Die andere Möglichkeit, den Geist zu zähmen, ist das subjektive Mantra: Man sagt vielleicht einen ganzen Tag lang einen Vers des Evangeliums vor sich hin oder das Wort ›Jesus‹ und fragt sich dabei: Was würde Jesus tun, wenn er an meiner Stelle stünde?

Ein weiteres Instrument zur Disziplinierung des Geistes ist sich aller Bilder entledigen. Sämtliche Mystiker, ob Christen oder Nichtchristen, empfehlen das ausgiebige Gespräch mit Gott. Es soll uns bereit machen, Gott zu hören. Ideal wäre es, sich irgendwo hinzusetzen, die Augen zu schließen und den Geist von allen Bildern, Gedanken, Erinnerungen und Phantasien zu reinigen. Und wie macht man das? Indem man es tut. Nicht, als ob die Bilder nicht kämen. Sie kommen. Nur sollen wir sie vorbeiziehen lassen, wie Wolken am sonst blauen Himmel. Stell dir vor, dein Geist wäre ganz leer und weiß! Womöglich sagst du, eine halbe Stunde sei dir das gelungen und du habest nichts gefühlt. Großartig! Dann bist du auf dem rechten Weg. Denn wir beten ja nicht, um hehre Gefühle zu bekommen, sondern um die Gottheit uns durchdringen zu lassen. Mitunter spüren wir höchst gute Dinge, die aber weder vom Geist noch von den Emotionen noch von den Gefühlen angestoßen sind. Sie sind keine Frucht des Gebetes. Beten soll keine Gefühle wecken, sondern den Glauben und die Liebesfähigkeit intensivieren. Dies ist der Sinn und Zweck christlichen Betens.

Buddhisten beten, um von Leid frei und für Konflikte und Probleme unempfindlich zu werden. Christen beten, um ihren Glauben zu stärken und in der Liebe konsequenter zu werden. Ob buddhistisches oder christliches Beten, keines geht ohne Stille und Schweigen. Doch was soll jemand machen, der in einer Montagehalle in São Bernardo do Campo arbeitet — oder in einer Klempnerei, in einer Schuhfabrik, in einer Gaststätte, kurz: an einer Stelle, an der man vor lauter Lärm die eigene Stimme nicht mehr hört?

Üblicherweise gibt es da zwei Möglichkeiten. Die erste ist gängige Praxis bei katholischen Exerzitien: Man versucht, von den äußeren Geräuschen abzusehen. Doch von diesem Angebot halte ich nicht viel. Die andere Möglichkeit will umgekehrt, wenn man die Augen geschlossen hat, nichts von dem Lärm ausblenden. Denn man würde sich wahrscheinlich vergeblich mühen, all den Hall und Schall zu überhören. Wie soll denn jemand in Ruhe meditieren können, der oder die in einem Hochhaus oder in einem Stadtviertel mit Kindergekreische, Hundegebell, Autogehupe und Motorenlärm wohnt? Für solche Menschen empfiehlt sich die Methode des Zenbuddhismus: die Augen schließen, sich konzentrieren, das Leere suchen und dabei jedes Geräusch wahrnehmen, als ob man einem Lebenszeichen Gottes im Weltall lauschte, aber ohne sich daranzuhängen. Man läßt die Geräusche also gewissermaßen durch sich hindurch, ohne sich auf sie zu schwingen und von ihnen entführen zu lassen. Eine hochinteressante Übung. Mit dieser Methode kann man meditieren, wo immer man gerade steckt. Auch im Morumbí-Fußballstadion in São Paulo, wenn São Paulo und Corintians spielen.

Wichtig ist auch, seine inneren Unruhen im Griff zu haben. Alle kennen wir unsere Unsicherheiten, Unruhen und Ängste. Sie sind die schiefe Ebene, auf der all unsere guten Vorsätze im Graben landen. Natürlich variieren sie von Mensch zu Mensch und von Situation zu Situation.

Der Zenbuddhismus kennt eine bemerkenswerte Vorgehensweise. Auch hier geht es wieder um Konzentration. Man schenkt den Dingen, und seien sie noch so winzig, ein Höchstmaß an Aufmerksamkeit. Wenn ein Zenbuddhist ein Glas Wasser trinkt, ist das ein Ritus, eine Liturgie geradezu: das Wasser einfüllen, nach dem Gefäß greifen, das Wasser durch die Glaswand spüren, das Glas zum Mund führen, das Wasser schlucken, das Naß kosten ... Alles das geschieht mit größter Aufmerksamkeit und ist voller Bedeutung. Wer dergestalt achtsam mit Dingen und Gegenständen umgeht, gewinnt ein neues Verhältnis zum Leben.

Wenn man in Hast ist, kann man nicht beten. Von Johannes vom Kreuz stammt ein genialer Satz: »Wenn es um die Arbeit geht, müssen wir wie ein Korken auf dem Wasser sein«. Das Wasser kriegt den Korken nicht unter, der Korken schwimmt immer auf dem Wasser. Aus der Bild- in die Sachhälfte: Die Arbeit, die wir haben, sollten wir nie zu ernst nehmen; nie darf uns die Arbeit die Zeit zum Gebet stehlen. Die Arbeit läuft nicht weg; irgendwie kommt alles in die Reihe. Was eine Viertelstunde Gebet bringt, ist immer ein Gewinn an menschlicher Qualität, einschließlich daß sich unsere Ängste legen.

Das alles sind Möglichkeiten, der Spiritualität Jesu nahezukommen, der — obwohl immer für die Menschen da — doch stets Zeit fand, allein zu sein und zu beten.

Mein Ordensgründer, der heilige Dominikus, kennt neun Gebetsformen. Als ich sie einmal näher in Augenschein nahm, fiel mir auf, daß keine davon einen Gemeinschaftsbezug hat. Trotzdem legt unsere Ordensgemeinschaft großen Wert auf das Gemeinschaftsgebet. Das Gemeinschaftsgebet verarmt, wenn es nicht immer wieder aus dem persönlichen Gebet heraus bereichert wird, wie umgekehrt auch das persönliche Gebet hohl wird, wenn es sich nicht aus dem liturgischen Gemeinschaftsgebet und — nach dem Beispiel der Spiritualität Jesu — aus dem Kampf für Gerechtigkeit, dem Engagement für die Armen und dem Einsatz für das Reich Gottes speist. Der objektive Auftrag, den wir haben, diese Welt zu verändern, beinhaltet zugleich auch die Aufgabe, uns selbst zu verändern. Dabei darf freilich das charakteristische Merkmal christlicher Spiritualität nie in Unklarheit geraten, daß das Verdienst immer Gott zukommt. Niemand möge erwarten, daß das Gebet ihn bzw. sie auf die höchste Stufe der Heiligkeit erhebt. Wir beten nicht, um aufzuhören zu sündigen oder uns besser vorzukommen als die anderen. Wir beten, um uns in einer Weise von Gott geliebt zu fühlen, daß Treulosigkeit gegenüber dem Plan Gottes für uns immer schwieriger wird. Widersprüche, Einschränkungen, Neurosen, Wahnsinnstaten und Sünden, von nichts von dem werden wir verschont bleiben, aber verschont werden wir bleiben von der Zerrissenheit und von den Schuldgefühlen, die wir haben, wenn wir nicht die Erfahrung machen, daß Gott uns liebt, so wie wir sind. Mit anderen Worten: Wir beten nicht, um größer oder kleiner zu werden, als wir sind, sondern um genau die Größe zu erreichen, die Gott für uns vorgesehen hat. Mystiker und Mystikerinnen sind Menschen, die sich einverstanden erklären mit ihrer wirklichen Größe und ihrer wahren Identität vor Gott. Unsinn dagegen ist die Vorstellung, Mystiker seien Leute, die bereits in Ekstase geraten seien oder etliche Zentimeter über dem Erdboden schwebten. Alles das ist Phantasie und religiöse Folklore.

Innerhalb des Christentums mag der Apostel Paulus wie ein ausgemachter Machist, Angeber und Aufschneider anmuten: »Ich muß mich wirklich rühmen. Zwar habe ich Jesus nicht persönlich erlebt ... Dafür hat er mir aber Erscheinungen und Offenbarungen geschenkt ... Ich halte mich für einen großen Apostel. Keiner hat so gekämpft wie ich« (vgl. 2 Kor 12,1–6). Nur: Paulus weiß zu gut, daß alles Gnade ist. Bei allem Selbstbewußtsein fühlt er sich schwach. Kraft in der Schwäche gibt ihm das Wort des Herrn: »Meine Gnade genügt dir« (2 Kor 12,9). Wie Paulus müssen auch wir uns sehr in acht nehmen, damit wir nicht sagen: »Der oder der ist immerzu am Beten. Aber: Du müßtest den Kerl mal wirklich kennen. Dann würdest du sehen ...« Das ganze Geheimnis besteht darin, daß wir Räume eröffnen, in denen wir unserer ganz persönlichen, aber auch universalen Berufung nachkommen können. Und die ist die Gemeinschaft mit dem Vater, dem Sohn und dem Heiligen Geist.

Auf die Mitte kommt es an

Leonardo Boff

Jeder Mensch muß seinen Weg zu Innerlichkeit und Gebet finden. Nur ein — entscheidender — Punkt ist mir dabei wichtig. Ich möchte unseren Blick lenken auf das, was ich den Lichthof, besser den Lichtkern nenne, von dem die Strahlen eines Sterns ausgehen. Konkret heißt das: Wir müssen uns noch unterhalten über das Zentrum, aus dem heraus der Geist des Gebetes geboren wird. Ein Stern strahlt nur, wenn er einen Lichthof hat. Das Gebet gelingt uns erst, wenn wir, noch ehe wir zu beten beginnen, unseren eigentlichen Mittelpunkt kennen. Die Frage ist nicht, ob wir es fertigbringen, unser Gebet zu Taten werden zu lassen, sondern ob eine Grundhaltung daraus wird, aus der Mitte unserer selbst. Natürlich ist das für uns eine schwierige Sache, weil wir seitens der Kultur, die uns umgibt, keine Hilfe erfahren. Unsere gegenwärtige Kultur ist auf Zerstreuung angelegt; sie will all unsere Sinne kolonisieren, behausen und nie wieder freigeben. So müssen wir den Kampf gegen uns selbst antreten, um den Weg zu uns selbst freizubekommen und unseren Mittelpunkt zu finden und zu entwickeln.

Der Zenbuddhismus kennt eine hilfreiche Übung, die er ›Fasten des Herzens‹ nennt. Wer sich ihr als westlicher Mensch unterzieht, sollte sich allerdings auf einige psychologische Belastung einstellen. Man steht in einem leeren Raum, ohne Musik, ohne Bilder an der Wand, ohne Ausblick in die Landschaft, ohne Bücher; man hört nichts, liest nichts und sieht kaum etwas; man versucht, allen Gedanken und Phantasien zu entsagen. Nach fünf Minuten, in denen man absolut nichts tut, erträgt man sich nicht mehr. Doch das ›Fasten des Herzens‹ läßt einen das eigene Sein spüren, das, was man wirklich ist. Die Übung ist anfangs ziemlich kompliziert, lohnt sich aber. Man erahnt seine Mitte. Wenn man damit aufhört, dies oder das zu tun, wird man gezwungen, an dem zu arbeiten, was von innen kommt: Emotionen, Wut und Zorn, Ideale, Gefühle, Leidenschaften. Wer an seiner Mitte schafft, ›satellisiert‹ alles rings um sein Tiefen-Ich herum. Wenn ich ›ich‹ sage, beziehe ich mich auf den Punkt, in dem alles, was ich sehe, höre, fühle und denke, zusammentrifft. In der Tat: Wer sieht, ist ja nicht mein Auge, sondern bin ich; wer nach der Tasse greift, ist ja nicht meine Hand, sondern bin ich.

Doch wenn wir unsere Mitte suchen, haben wir am Anfang womöglich den Eindruck, nichts zu finden. Das Ganze soll an einer Musik, einer Stimme, einem Radio, einem Fernseher oder einer Zeitung hängen? Liegt denn mein Mittelpunkt außerhalb meiner? Die Sache jedoch ist in Wirklichkeit die, daß ich in großer Zerstreuung lebe. Wie ein Schmetterling flattere ich von einer Stelle zur anderen. Es führt kein Weg daran vorbei: Sobald ich mir vornehme, nichts zu tun und mich mit nichts anderem zu beschäftigen als mit mir selbst, beginne ich, mir eine Mitte zu schaffen.

Für meine Begriffe gibt es kein Gebet, das eine wirkliche Begegnung mit Gott wäre, ohne daß wir unsere Mitte entdecken und es lernen, uns selbst wahrzunehmen. Nur der oder die hört Gott, wer zuvor und zugleich sich selbst hört. Ohne das mag Gott reden, so viel er will, wir hören ihn nicht. Oder: Wir machen einen Glaubensakt und nehmen an, Gott spreche zu uns, und hören überall die ›Stimmen‹ Gottes. Doch eines Tages wird uns das Ganze leid, und wir sagen: »Vorbei die Sache. Gott redet nicht mehr, hüllt sich in Schweigen. Gott ist tot.« In der Bibel finden sich auch Erzählungen von solchen Erfahrungen. Der Mensch muß sein Sensorium schärfen, um Gott zu verstehen. Gott kommt nicht in Sturm, Erdbeben oder Feuer, daß alle Welt es sehen könnte. Gott kommt, wie Elija es erfährt, in sanftem Säuseln (vgl. 1 Kön 19), und nur wer aufmerksam dabei ist, wird es gewahr. Gott hat keine Stimmen, Gott ist die Stimme.

Eine kleine Geschichte, die in Japan passiert sein soll, illustriert, was mit dem achtsamen Hinhören gemeint ist. Ein großer multinationaler Konzern im Kommunikationsbereich suchte jemanden, der die verschiedenen Kodizes beherrschte, angefangen vom alten Rundfunkwesen über das Morsen bis hin zu den neuesten Erfindungen. Fünfzig, sechzig Personen standen Schlange und wollten alle den anstehenden Test machen. Doch die Unternehmensleitung, geschickt wie sie war, funkte kodierte Signale: »Bitte, öffnen Sie die Tür, und treten Sie ein!« Kein Mensch rührte sich. Die Vorstellungsgespräche sollten um acht Uhr beginnen. Doch mittlerweile war es neun Uhr geworden. Zehn Uhr. Alle warteten geduldig weiter. Da, gegen elf Uhr, hörte jemand, der aufmerksam hinhörte, die Signale. Er faßte sich ein Herz, öffnete die Tür und trat ein. Der Mann wurde eingestellt. Alle anderen konnten gehen. Er hatte als einziger die Signale mitbekommen. Wer die alte Morsetechnik beherrscht, wird — so die Logik — auch mit der neuesten, ausgeklügeltsten Informatiktechnik umgehen können. Mit Gott verhält es sich ähnlich. Gott funkt noch im Morsealphabet, während wir den neuesten Computer mindestens der fünften Generation wollen, der mehr als alles kann. Doch Gott zeigt sich nicht so. Gott zeigt sich in einer Sprache, die nur Achtsame verstehen.

Treffend sagt schon der Vorsokratiker Heraklit (ca. 550–480 v. Chr.): Wer nicht auf das Unerwartete achtet, nimmt es nicht wahr, wenn es denn passiert. Das Unerwartete ist seiner Definition nach unerwartet. So gibt es nur das eine: das Unerwartete erwarten! Also wagen wir die Übung zum Entdecken unserer Mitte! Eine Hilfe dabei ist uns die rhythmische Atmung. Der Geist fängt beim linken Fuß an, steigt die Glieder hoch, erfaßt den ganzen Körper und durchzieht ihn hin und her. So harmonisieren wir unser ganzes Sein und laden es mit Energie auf. Die Gefahr, bei der Übung einzuschlafen, ist groß, weil sich unser ganzer Organismus auf den Rhythmus des Alls einstellt. Dieser manifestiert sich im Om, wie indische Mystiker den Ton der spirituellen Kraft des Absoluten bezeichnen. Die Tonlage des Om ist das *Fis*. Ob im Murmeln des Baches oder im Zwitschern der Vögel, immer äußert sich das Om. Das Om ist der Ton des Wassers und des Windes, der Pflanzen und der Natur. Jogis versenken sich in das Om, um in Einklang zu kommen mit den Energien des Kosmos. Denn beim Atmen atmet man nicht nur Sauerstoff ein, sondern die ganze Fülle der Energien, die einen umgeben und die man aufnimmt und wieder abgibt. Und das, bis man in das Schwingen des Alls eingeht. Dann hat man seine Mitte gefunden, dort, wo der Vater in der Kraft des Geistes den Sohn zeugt. Die Drei stehen in Bewegung und Austausch. Ihre Energie geht von dem einen auf den anderen über. Sie konvergieren. Denn sie schenken sich Leben und Liebe, als wären sie eine einzige Quelle mit drei ununterbrochen sprudelnden Wasserstrahlen, die — in Ewigkeit göttliche Energie transportierend — schließlich doch wieder zusammenfließen. So rühren wir an die Mitte der Mitte: an den dreieinigen Gott.

Wem diese Harmonie gelingt, erfreut sich größter Gelassenheit und strahlt tiefste Heiterkeit aus. Alles ordnet er dem Zentrum zu, und Frieden ringsum ist sein Werk. Jetzt kann er das Gespräch beginnen mit Gott, das heißt: mit seinem nicht mehr hinterfragbaren Ich ebenso wie mit dem Geheimnis, das in ihm wohnt. Doch jetzt ist auch der Augenblick, da das Beten gewissermaßen zum Atmen wird. Der Geist hat keine Mühe mehr, von

Gott oder zu Gott zu sprechen. Beten ist spielend leicht geworden. Es fließt wie von selbst, ob in Freude oder Leid, ob im Mißerfolg oder in der Klage vor Gott über die unerträgliche Herzlosigkeit der Welt. Alles ist nur noch Danksagung. Daß wir Menschen gleichwohl mal so und mal so beten, entspricht den verschiedenen Situationen und Stationen, in die wir auf unserem Weg geraten. Die verschiedenen Gebetsformen ermöglichen, daß wir alles zum Inhalt der Begegnung mit Gott machen können. Nicht umsonst greift deshalb auch der gesamte Westen, greifen alle geistlichen Familien zu den Psalmen. In den Psalmen erkennen sie alle nur denkbaren Befindlichkeiten des Menschen wieder, angefangen mit dem adamitischen Menschen, der reuig über seine Sünde weint, bis hin zum neuen, erlösten Menschen, der den Einklang gefunden hat mit der universalen Sinfonie und einstimmt in den Chor des Alls. Während der Himmel schon seit Ewigkeit die Ehre Gottes singt, stimme ich jetzt ein in den Gesang des Kosmos. Jedoch: Ich bediene mich nicht der Welt, um Gott zu singen, sondern, da die Welt ohnehin schon immer singt, mische ich mich in ihren Gesang ein.

Es geht also darum, daß wir mit Hilfe der Strategie des Nichtstuns uns unsere Mitte aufbauen. Doch so vorzugehen widerspricht sowohl unserer Kultur als auch unseren geistig-geistlichen Gepflogenheiten. Aber nur auf diese Weise haben wir eine Chance, unser wahres Ich zu sehen zu bekommen, mit all seinen Widersprüchen, Negativseiten und Verkehrtheiten, aber auch Möglichkeiten und hellen Dimensionen — bis daß sich um das Ich herum Lichter und Schatten anordnen wie Planeten um die Sonne. Einige bilden die Runde um die Sonne in Form eines Kreises, andere in Form einer Parabel, wieder andere entfernen sich bald merklich von ihr, nähern sich ihr aber bald wieder an. Doch alle werden gehalten von der Anziehungskraft der Sonne, in einem grandiosen kosmischen Gleichgewicht. So hat auch unsere Psyche ihre Mitte, um die herum all unsere Leidenschaften kreisen, die negativen und die positiven, doppeldeutig die einen wie die anderen. Dämonen hausen in uns, Tür an Tür mit Engeln. Aber auch die Dämonen haben ihre Funktion. Es wäre schlimm, wollte jemand bestreiten, er oder sie trage eine Dimension des Schattens und der Kümmerlichkeit, der Unbeherrschtheit und des Rachegefühls in sich. Wir alle sind beseelt von einem Gestrüpp von Verderbtheit und Entartung, in dem sich die Geschichte aller Adams und Evas wiederfindet, des alten Adams wie des neuen Adams mit seinem Glanz und seiner Fähigkeit zu Solidarität, Liebe und Zärtlichkeit. Das alles gehört zum Leben. Das alles ist Teil der Menschheit.

Niemand von uns will bloß die Hälfte seines bzw. ihres Soseins. Wer nur die Hälfte will, entpuppt sich leicht als Heuchler, der nur seine Tugenden und nicht seine Laster sieht. Das Gleichnis Jesu vom Pharisäer und vom Zöllner (Lk 18,9–14) illustriert, was gemeint ist. Der Pharisäer zählt alle seine positiven Seiten auf; und was er sagt, ist nicht einmal gelogen: er gebe Almosen, faste, bete und tue vieles mehr. Trotzdem gefällt er Gott nicht. Denn er sagt nur die halbe Wahrheit, er kaschiert seine sündige Seite. Der andere, der Zöllner, der sich erst gar nicht zu nähern wagt, sagt, er sei ein Sünder ... und spricht damit die Wahrheit aus. Er gesteht ein, was uns am schwersten fällt einzugestehen: unsere dunkle Seite. Und das alles erwähnt er auch im Gebet. So findet Gott Gefallen an ihm.

Freud hat das ganze Phänomen untersucht. Neben der Dimension des Eros, das heißt: des Lebens und des Lichtes, müssen wir die Dimension des Thanatos zulassen, das heißt: des Schattens und des Todes. Wem es nicht gelingt, die Dimension des Thanatos zu integrieren, wird im Sinn der Psychoanalyse nie ein reifer Mensch, noch findet er zu seiner Individuation. Immer geht es um die beiden Dimensionen. Wer die eine wie die andere realisiert und mit in den Mittelpunkt seines Ichs holt, wird innere Freiheit ernten; und die ist die größte Gottesgabe. Dann mag man noch so viel Böses über ihn reden und ihn schmähen nach Strich und Faden, er ist und bleibt innerlich frei. Wir sollen uns selbst lieben. Aber was wir lieben sollen, ist, wie wir sind, und nicht, wie wir uns gern sähen.

Die meisten von uns lieben nur das Bild von sich. Das ist Narzißmus. Sich selbst lieben heißt: seine Doppeldeutigkeit lieben und sich voll und ganz akzeptieren. Erst so sind wir in der Lage, jene Gebetshaltung zu entwickeln, in der wir ganz vor Gott hin treten können. Wir hatten schon gesagt, so zu beten sei so etwas wie atmen; denn dann atmen wir Gott sowohl ein als auch aus. Dann ist Gebet nicht mehr eine momentane Angelegenheit, sondern das ganze Leben, wo immer man sich gerade befindet, unterwegs zur Arbeit oder im Urlaub, im Krankenhaus oder gemütlich zu Hause. Dann brauchen wir nicht neurotisch zu tun: »Jetzt muß ich aber beten.« Dann ist das Gebet gleichsam eingewoben in unser ganzes Leben und Gott untergemengt unter alles, was uns widerfährt.

Wenn Menschen ihre ersten Erfahrungen mit Gebet, Meditation oder Einsamkeit machen, gibt es in der Regel zwei Reaktionsweisen. Die einen empfinden eine erschreckende geistige Dürre, als entschwände ihnen der Glaube oder als gerieten sie in eine Wüste des Geistes. Das kann so weit gehen, daß manche Menschen in dieser Phase mit Religion, Glauben und Gebet Schluß machen, ja den Eindruck haben, sie seien Atheisten geworden. Indes, die Entwicklung ist ein ausgesprochen positives Zeichen. Es gibt zu erkennen, daß der Glaube sich qualitativ verändert. Buddhisten haben ein sehr schönes Bild dafür: Wer sich ins Gebetsleben einübt, durchschwimmt einen Fluß. Einige Zeit kann man noch das Ufer sehen, von dem man aufgebrochen ist; aber das gegenüberliegende ist noch nicht zu erkennen. Irgendwann jedoch kommt der Augenblick, an dem sowohl das alte Ufer nicht mehr als auch das neue noch nicht auszumachen ist. Ein schrecklicher Moment! Man fühlt sich total allein gelassen. Dann helfen nur Geduld und Gottvertrauen, und plötzlich — jetzt auf der Bedeutungsebene — erahnt man, daß geistliches Leben und Glauben eine neue Qualität bekommen haben.

Die Phase der geistigen Dürre ist höchst positiv, so hart sie auch sein mag. Denn mitunter versuchen wir, uns fünf Minuten zu konzentrieren, und denken, es wären fünf Stunden.

Die zweite Reaktion ist leidenschaftliche Begeisterung. Die Menschen haben das Gefühl, Gott hätte ihnen so etwas wie einen anregenden Aperitif angeboten; sie sollten sich schon einmal ausmalen können, wohin das Ganze am Ende führe. Der Anfang nimmt sozusagen das Ende von Glück, Überschwang und Ausstrahlung vorweg. Manche Menschen können dann eine halbe Stunde beten und haben das Empfinden, es sei nur ein Nu gewesen. Aber auch diese anfängliche Befindlichkeit muß man realistisch einschätzen und darf sie nicht mit dem Gebet selbst verwechseln. Sie ist nur die Frucht des Gebetes und nicht das Gebet selbst. Wenn dann später die Euphorie vorbei ist, darf nicht passieren, daß jemand sagt: »Ich spüre das Beben des Anfangs gar nicht mehr. Was soll ich da noch beten?«

Die eine wie die andere Möglichkeit sind normale Reaktionen unserer geistigen Sensibilität, die sich darüber hinaus auch auf unsere organische Sensibilität auswirken.

Liebe: Frucht der Mystik

Frei Betto

Bei aller Wertschätzung für die westlich-christliche Tradition ist es in meinen Augen ein Armutszeugnis, wie wenig wir vom Reichtum der östlichen Überlieferung wissen, und zum anderen doch auch ein Zeichen für guten ökumenischen Geist, wenn wir jetzt nach all dem Positiven suchen, das in der östlichen Tradition steckt. Ich habe den Verdacht, daß einige westliche Mystiker, wie etwa Johannes vom Kreuz, insgeheim östliche Mystiker kannten. Die Exegese, mit der Johannes vom Kreuz in seinen mystischen Schriften ans Werk geht, ist beinahe lächerlich; denn offensichtlich konstruiert er zuerst den Text und fügt zur Rechtfertigung seiner Aussage dann im nachhinein Sätze aus der Bibel ein, um nicht der Inquisition anheim zu fallen. Als Beispiel nenne ich das Kapitel über den ›Glauben als eine dunkle Nacht für die Seele‹. Darin versucht der spanische Mystiker den Glauben zu verdeutlichen durch das Sinnbild »jener Wolke, welche die Kinder Israels von den Ägyptiern [sic] trennte, in dem Augenblick, als diese das Rote Meer durchschreiten wollten . . . Das Merkwürdige daran ist, daß diese Wolke, obschon selber dunkel, doch die Nacht erhellte. Darin soll uns angedeutet werden, daß der Glaube eine dunkle, finstere Wolke für die Seele ist, . . . und trotz seiner Finsternis erleuchtet er die Seele und bringt ihrem Dunkel Licht«[48]. Die Schriftverweise bei Johannes vom Kreuz sind etwas gezwungen. Die Inquisition mißtraute jedem, der sich auf andere als auf

[48] *Johannes vom Kreuz,* Aufstieg zum Berge Karmel, München [7]1983, 77–80.

christliche oder griechische Quellen bezog. Griechische Hinweise wurden gerade noch hingenommen, obschon auch diese ihren Autor dem Verdacht auslieferten, unter dem Einfluß häretischer Strömungen zu stehen.

Ohne Zweifel haben östliche Menschen mehr spirituelle Erfahrung und eine weitere kontemplative Kultur als wir. Im Gegenteil sogar: Offensichtlich bewegen wir uns in Richtung einer Kultur, die mit Betrachtung nichts mehr anzufangen weiß, was ich für äußerst gefährlich halte. Der Werteverlust ist gewaltig, und der einzige Maßstab, der noch gilt, ist der Konsum. Wert ist, was ich konsumiere. Mit anderen Worten: Wert besteht in der Marke der Gegenstände, die ich kaufe. Wer sich keine Markenartikel leisten kann, ist nichts wert. Schlimm, wie der Mensch als Geheimnis in einen immer rascheren Zersetzungsprozeß gerät. Das schlimmste Beispiel dafür sind auf der ganzen Erde die Vereinigten Staaten, weil dort am meisten Alkohol und die meisten Drogen konsumiert werden und dort auch der Konsumismus am größten ist. Umgekehrt sind Unglück, Leere und Verflachung des Menschen allgemein bekannt.

Eine Zeitlang meines Lebens suchte ich geistliche Nahrung in den Schriften von Charles de Foucauld. Doch was mir — ich gestehe es — vermeintlich daran fehlte, war die apostolische Dimension. Heute schätze ich jede Form geistlicher Erfahrung, auch wenn es mir schwerfällt, sie zu verstehen. Heute gibt es für mich keine Spiritualität mehr, die Modellcharakter hätte, weder meine eigene noch irgendeine andere. Ich zweifle nicht daran, daß auch betrachtende weibliche Orden ihre Gültigkeit haben. Ich bestreite nicht, daß auch die Kleinen Brüder Jesu ihre Bedeutung haben, obwohl sie in ihrem Zusammenleben mit den Armen kein Apostolat ausüben wollen, es sei denn das des Zeugnisses, das dafür aber um so lebendiger und überzeugender ist. Ich stelle nicht den Wert der Kartäuser in Abrede, die wir in

Brasilien in der Diözese Santa Maria (Bundesstaat Rio Grande do Sul) haben und die nicht einmal Besuch zulassen. Eine Kartause darf nur betreten, wer Kandidat für das Kartäuserleben ist. Kartäuser leben einzeln, jeder in seinem Häuschen, mit einem Garten, völlig abgeschieden, ausschließlich dem Gebet hingegeben. So ein Leben mag manchem von uns absonderlich vorkommen; aber ich achte es. Doch auch Kartäuser sind nicht heiliger als unsere Heiligen in dem Städtegewirr um São Paulo. Ich denke da vor allem an einen Mann: Chicão ist ein Kollege von uns. Arbeitslos, kümmert er sich zu Hause um die Kinder. Chicão ist ein regelrechter Mystiker. Aus ihm strahlt eine göttliche Kraft, die überwältigend ist — auch wenn er sich dessen vielleicht gar nicht bewußt ist.

Ebenso gegenüber Pfingstlern und charismatischen Bewegungen, die in vielen Aspekten übrigens nahezu identisch sind, habe ich keine Vorurteile. Das Problem, das ich allerdings mit ihnen habe, besteht zum einen in der Zielsetzung und im Inhalt ihrer geistlichen Erfahrung wie zum anderen in den politischen Konsequenzen. Oder anders gesagt: Ich bin davon überzeugt, daß sich Glaubenserfahrung in den Augen Jesu zwangsläufig politisch auswirken muß. Ob wir es wollen oder nicht: Als Christen und Christinnen sind wir Jünger und Jüngerinnen eines politischen Gefangenen. Jesus starb weder bei einem Unfall mit Kamelen auf einer Straße in Jerusalem noch an Gelbsucht in einer Klinik. Jesus wurde ermordet und Opfer der Todesstrafe seiner Zeit (was vielleicht sogar ein gutes Argument gegen die Todesstrafe ist; denn hätte es damals keine Todesstrafe gegeben, wäre Jesus auch nicht am Kreuz gestorben). Das Problem ist der geistige Solipsismus. Das heißt: Wenn jemand anfängt, zu meinen, sie oder er sei besser als die anderen, weil ihr oder ihm fremde Sprachen über die Lippen kämen.

Fremde Sprachen allein tun es nicht. Nachzulesen schon bei Paulus im dreizehnten Kapitel seines Ersten Briefes an die Korinther: »Wenn ich in den Sprachen der Menschen und der Engel redete, hätte aber die Liebe nicht, wäre ich dröhnendes Erz oder lärmende Pauke. Und wenn ich prophetisch reden könnte . . ., hätte aber die Liebe nicht, wäre ich nichts« (1 Kor 13,1–2).

Liebe schafft Gerechtigkeit

Frei Betto

Die Liebe, mit der Jesus liebt, ist keine gutbürgerliche Nettigkeit, kein Gefühl, denen gutzuwollen, die mir gutwollen. Im Sinn des Evangeliums ist die Liebe kein Gefühl, Liebe im Sinn des Evangeliums führt zu Gerechtigkeit. Der Gott, der Liebe ist (1 Joh 4,8.16), schafft Gerechtigkeit. Deutlich wird dieser Satz in dem, wie Johannes tauft. Die erste Frage, die die Leute dem Täufer stellen, lautet nicht: »Was müssen wir glauben?«, sondern: »Was müssen wir tun?« Und Johannes der Täufer antwortet ihnen: »Wer zwei Gewänder hat, der gebe eines davon dem, der keines hat, und wer zu essen hat, der handle ebenso« (Lk 3,10–11).

Als die Menschen wissen wollen, wer Einlaß finde ins Himmelreich, bekommen sie zu hören: »Ich war hungrig, und ihr habt mir zu essen gegeben. Ich war durstig, und ihr habt mir zu trinken gegeben« (vgl. Mt 25,35). Das Kriterium ist also praktizierte Gerechtigkeit. Oder denken wir an die ironische Kritik im Jakobusbrief: »Du glaubst: Es gibt nur den einen Gott. Damit hast du recht; das glauben auch die Dämonen, und die zittern sogar. Willst du also einsehen, du unvernünftiger Mensch, daß der Glaube ohne Werke nutzlos ist?« Und man könnte den Gedanken fortsetzen: Was macht ihr, wenn in eure Versammlung plötzlich »ein Armer in schmutziger Kleidung« kommt? (Jak 2,19–20; 2,2). Das besondere Kennzeichen christlicher Liebe ist das Bemühen um Gerechtigkeit.

Geistliches Leben kann auf mancherlei Abwege geraten, in der großen Geschichte ebenso wie in unserer persönlichen Erfahrung. Wollen wir, daß wir mit unserer

Spiritualität nicht auf Irrwege abdriften, müssen wir sehr darauf achten, daß die Dimension der Gerechtigkeit nicht zu kurz kommt. Ich halte es für ein Verbrechen, was einige Pfingstkirchen in Lateinamerika treiben: daß sie die Selbstverleugnung der Armen seligpreisen und den Unterdrückten einen Platz im Himmel versprechen. Während die Bibel es auch auf der horizontalen Ebene einordnet und in der Geschichte der Menschen wirksam werden läßt, sehen sie das Heil ausschließlich in einer geradewegs vertikalen Linie. Nirgendwo in der Bibel ist Erlösung ein direkter Aufzug in den Himmel, ohne Halt auf den verschiedenen horizontalen Stockwerken. Heil und Erlösung sind geschichtlich geortet. Christen und Christinnen sind nicht daran erkennbar, daß sie nach oben, sondern daran, daß sie nach vorn schauen. Wenn die Bibel vom »Gott Abrahams, Isaaks und Jakobs« spricht, spricht sie vom Gott der Geschichte. Man könnte auch sagen vom Gott Chico Mendes'[49], vom Gott Antônio Henrique Pereira Netos[50] und vom Gott Santo Dias da Silvas[51]. An diesen Gott glaube ich[52]. An einen Gott, der in der Geschichte des Kampfes für Gerechtigkeit schon eine Wegstrecke hinter sich hat.

[49] Chico Mendes: Geb. 1944. Gummizapfer, Gewerkschaftsführer und Ökologe. Engagierter Christ. Am 22. Dezember 1988 in seinem Haus in Xapuri (Bundesstaat Acre) ermordet.

[50] Antônio Henrique Pereira Neto: Geb. 1941. Studentenpfarrer in Recife und Olinda, 1969 bestialisch ermordet.

[51] Santo Dias da Silva: Geb. 1942. Arbeiter, Mitbegründer der Metallarbeitergewerkschaft von São Paulo und Pastoralträger. Bei einem Streik am 30. Oktober 1979 in São Paulo von der Polizei erschossen, als er sich schützend vor seine Kollegen stellte.

[52] Vgl. auch: *Frei Betto*, Der Gott meines Glaubens, in: Goldstein, H. (Hrsg.), Tage zwischen Tod und Auferstehung. Geistliches Jahrbuch aus Lateinamerika, Düsseldorf 1984, 330–331.

Achtung vor Irrwegen

Leonardo Boff

Da im Bereich geistlich-mystischer Erfahrungen sowohl subjektive Tiefendimensionen als auch Archetypen eine große Rolle spielen, ist die Gefahr von Verirrungen nicht auszuschließen. Wer Schriften von Mystikern wie Johannes vom Kreuz oder Theresia von Avila liest, sieht bald, daß sie sich entschieden gegen spirituelle Empfindungen wenden. Kritisiert wird, wer sagt, er oder sie habe Auditionen oder Visionen. Meister Eckhart behauptet gar, wer unentwegt Visionen habe, sei alles andere als ein geistig-geistlicher Mensch, weil er nicht die Existenz im umfassenden Sinn erlebe, sondern ein Gefühl habe, und Gefühle seien immer etwas Partielles. Erleben und Erfahren sind zwei verschiedene Dinge. Erleben ist etwas, das sich sogar mit Hilfe der Chemie herbeiführen läßt. Weshalb greifen heute so viele Menschen zu Drogen? Weil ihnen die Chemie einen Trip vorgaukelt und ein Gefühl von Energie und Allmacht verschafft. Nachher, wenn die Wirklichkeit sich zurückmeldet, fühlen sie sich elend und ertragen den Alltag nicht mehr. Also greifen sie erneut zur Droge, um sich *high* und voller Kraft zu fühlen. Erfahrung ist dagegen etwas viel Komplexeres und Umfassenderes und hat mit dem geistigen Weg des Menschen zu tun, mit seinem Bemühen um Wachstum, mit seinem Kampf gegen sich selbst und mit seiner Anstrengung um Reinheit. Und wenn der Mensch einmal geistig aufgebrochen ist, gibt es kein Zurück mehr.

Wenn wir ins Restaurant gehen, bringt die Bedienung zuerst das Gedeck mit dem Brot. Manchmal, wenn wir großen Hunger haben, greifen wir schon einmal zum

Brot und essen uns halb satt. Doch das Brot ist noch nicht einmal die Vorspeise, geschweige denn das Hauptgericht. So ähnlich verhält es sich mit Erleben und Erfahren. Erleben kann man seinen spirituellen Weg nicht. Was man erlebt, sind allenfalls ein paar Vorphänomene. Die Erfahrung des spirituellen Weges kommt erst dann. Doch diese Erfahrung machen viele von uns gar nicht mehr.

Als Frei Betto und ich beschlossen, uns zum Thema ›Spiritualität‹ zu äußern, fühlte ich mich ziemlich unsicher. Denn erstens würde ich damit ein Feld betreten, auf dem Schweigen mehr sagt als Reden. Und zweitens (ich möchte niemanden enttäuschen; denn ich kann nur sagen, was ich weiß; natürlich fließt auch manches von mir selbst ein, ein wenig auch davon, was ich gelernt und gelesen habe) ist der Stoff schwierig und komplex. Ja, die Sache kann äußerst schmerzlich sein, weil wir auch immer, mit Angst und Scham, etwas von unserem eigenen Leben preisgeben. Niemand täusche sich! In sich selbst hinabzusteigen tut ausgesprochen weh. Mitunter stellen sich Anwandlungen von Verzweiflung ein, Tränen fließen, und Enttäuschungen bleiben nicht aus. Doch wer sich nicht auf den Weg macht, kommt, trotz allen Suchens, nie an sein geistiges Ziel.

Es besteht kein Zweifel daran, daß wir durch diese Wüste hindurch müssen. In seinem Buch ›Weisheit der Stille‹ hat Thomas Merton auch ein Kapitel über Anachoreten und Zönobiten[53], die sich in die Wüste Ägyptens und Syriens zurückzogen. Doch sie gingen nicht nur in die physische, sondern auch in die geistige, innere Wüste, in der noch mehr Gefahren lauern als in der geographischen Wüste voller Skorpionen und Löwen.

Nehmen wir als Beispiel Franz von Assisi. Erst nach ausgiebiger Buße und vielen schmerzhaften Operationen

[53] Anachoret = Einsiedler; Zönobit = im Kloster lebender Mönch.

— Franziskus hatte ja ein schlimmes Augenleiden, das mit Brennungen geheilt werden sollte, erfuhr er die Verklärung der Wundmale, sang er den ›Sonnengesang‹, und nannte er alle Geschöpfe Brüder und Schwestern. Deshalb hat der Franziskus-Film von Franco Zeffirelli ›Bruder Sonne, Schwester Mond‹ (1971) auch nichts mit dem historischen Franz von Assisi zu tun. Großartig, wie der italienische Regisseur die kulturelle Bedeutung des Heiligen herausarbeitet, aber an den wirklichen Franziskus kommt er nicht heran.

Zahlreiche junge Menschen, die den Film gesehen hatten, kamen damals zu mir und fragten, wie sie Franziskaner werden könnten. Ich antwortete mit der Gegenfrage, ob sie imstande seien, Leid und Versuchung zu bestehen, sich für Gerechtigkeit einzusetzen, Schmerz und Leid zu ertragen und Schwierigkeiten und Bitternisse zu verwinden. In der Regel wurden sie da ganz kleinlaut und betonten nur, sie wollten wie der Franziskus in ›Bruder Sonne, Schwester Mond‹ werden. Mein Rat lautete da: »Lieber Freund, besser, du bleibst, wo du bist. Dies ist wohl nicht dein Weg; denn du wirst die Welt erst wirklich verklärt sehen und alle Kreaturen als Brüder und Schwestern besingen können, wenn du durch den Scheuersack gegangen bist, der den Blick schärft und das Herz rein macht, damit du die Dinge tatsächlich von ihrer brüderlichen und schwesterlichen Seite erkennen kannst.«

Als Christen und Christinnen haben wir uns auf große Widernisse einzustellen, aber dann auch auf den Preis dafür. In östlichen Religionen heißt er *Satori* (Erleuchtung, Erwachen) und bei uns ›innere Freiheit‹. Erst wenn wir Gott als den Gekreuzigten erfahren haben, wird uns die Freude der Begegnung mit ihm zuteil.

Das Zentrum des Christentums besteht im Geheimnis von Karfreitag und Ostern. Auferstehung aus dem Grab ist nicht ohne Tod am Kreuz zu haben. Diese Verbindung müssen wir uns stets vor Augen halten. Wir müssen offen sein für den auferstandenen Herrn, der aber in Identität der als Aufwiegler und Gotteslästerer ermordete Jesus von Nazaret ist. Also: Bloß die Vorspeise, bloß das Erleben, das ist zu wenig. Auf die Erfahrung des Entscheidenden kommt es an. An Literatur über Mystik fehlt es heute nicht. Aber die ist gewissermaßen nur das Gedeck mit dem Brot vorweg. Die Hauptspeise kommt erst noch. Und die Hauptspeise muß sich jeder selbst aussuchen. Seinen Weg muß jeder selbst finden.

Leben — die beste Schule

Leonardo Boff

Unser Leben ist ein einziger Prozeß der Selbsterkenntnis. Leben besteht nicht nur in äußeren Dingen — wie Arbeit und Beschäftigung, Sorge und Zusammensein mit anderen. Leben hat auch seine nach innen gewandte Seite und sein inneres Universum, das zumindest nicht kleiner ist als die äußere Welt.

So lernen wir ein Leben lang. Aber wir lernen nicht nur mit dem Intellekt, sondern auch durch Selbsterfahrung. Das Leben ist die beste Schule. Woher haben Freud und Jung denn ihr ganzes Wissen? Aus der Schule der Eigenanalyse. Woher wissen Psychoanalytiker alles, was sie wissen? Aufgrund von Eigenanalysen.

Da ich — zusammen mit anderen — die Übersetzung der Werke Carl Gustav Jungs zu koordinieren hatte, freundete ich mich mit der Familie Jung in Zürich an. Bei der Gelegenheit fragte ich einmal seine Kinder, warum niemand von ihnen, die sie doch einen außerordentlichen, weltweit anerkannten Psychoanalytiker zum Vater hätten, selbst Psychoanalyse gemacht habe, um den väterlichen Weisen zu beerben. Die Antwort war überzeugend: »Unser Vater hat uns keinen Anlaß dazu gegeben. Wir brauchten keine Psychoanalyse. Das Leben heilt das Leben. Die Probleme, die wir hatten, konnten wir selbst klären.«

Wir gehen zum Psychoanalytiker, wenn wir selbst keinen Ausweg mehr wissen aus unseren Problemen. Möglicherweise hilft er uns, ihn zu finden und unseren Weg zu gehen. Nie werde ich den Satz vergessen: »Das Leben heilt das Leben.« Leben, das heilt, das ist wahres Leben: transparent, von Auge zu Auge, von Herz zu

Herz, ohne Entschuldigungsmechanismen, Ausflüchte und Rechtfertigungen. Das alles kaschiert doch nur die Wirklichkeit. Echtes Leben aber läßt die Wirklichkeit, gerade umgekehrt, sichtbar werden. Sich auf diesen Weg zu machen ist eine äußerst schmerzliche Angelegenheit; denn niemandem von uns macht es Spaß, auch zu der niederen Seite in uns zu stehen — zu dem, was uns demütigt und schämt. Aber auch diese Seite gehört zu uns. Und auch sie müssen wir uns zu eigen machen, um schließlich ein Stückchen mehr Mensch zu werden.

Engagement und Poesie

Frei Betto

Jesus sagt, wir sollten den Nächsten lieben wie uns selbst. Es ist äußerst schwierig, den Nächsten zu lieben, wenn man sich nicht selbst liebt oder sich selbst mag. Die erste affektive Erfahrung, die ein Mensch macht, muß sich auf ihn selbst beziehen. Manches Mal schinden wir uns ab und kämpfen bis zum Umfallen, weil wir — mit einem Gemisch aus Schuld- und Allmachtsgefühl — der Meinung sind, alle Probleme der Welt lösen zu müssen. Doch am Ende bleibt nichts als Erschöpfung. Dann verfallen wir in Sektierertum, geraten auf Holzwege und werden als Kraftmeier abgestempelt. Ich weiß, wovon ich rede; denn ich kämpfe in der brasilianischen Linken inzwischen mehr als dreißig Jahre. Ich war mit Menschen zusammen, auf die ich sehr neidisch war; und ich fragte mich: »Ob ich wohl bei der Stange bleiben werde, engagiert wie diese Genossen?« Das war insbesondere während der vier Jahre, die ich im Gefängnis saß.[54] Heute sind viele der Genossen von damals leider Gottes total abgebrannt, verschossene Patronen bildlich gesagt. Einige haben sich an das herrschende System verkauft, andere sind schlicht müde geworden, und wieder andere kümmern sich nur noch um ihre persönlichen Dinge. Dabei waren es alles Leute, die Vorbild und Beispiel waren.

So haben wir also die moralische und politische Pflicht, darüber nachzudenken, wie man ein ›Vorkämpfer‹ wird, aber kein ›Vorkämpfer‹ für zwei Stunden, für einen Tag oder auch für ein Jahr, wie Bertolt Brecht

[54] 1969–1973.

ihn einmal beschrieben hat, sondern ein ›Vorkämpfer‹ für das Leben. Auf meinen Reisen in die Länder des »realexistierenden« Sozialismus habe ich den kommunistischen Freunden dort immer das Beispiel der Leute in unseren Kirchlichen Basisgemeinden geschildert. Solange sie im Sozialismus — sagte ich — es nicht fertigbrächten, eine Partei aufzubauen mit ebenso selbstlosen Männern und Frauen wie in unseren Basisgemeinden, würden sie nie etwas zuwege bringen. In den Kirchlichen Basisgemeinden kenne ich nämlich eine Menge von Laien-Pastoralträgern, von Ordensfrauen und Priestern, die keine Arbeit scheuen. Auch wenn sie sich vergnügen oder ausruhen könnten, denken sie an alles andere als an Geld und Macht. Parteiarbeit ist eine Kleinigkeit, wenn man sich als Sieger der nächsten Wahl sieht. Ein Geschäft führen ist eine Lust, wenn gutes Geld dabei herausspringt. Doch schwierig wird es, wenn es Opfergeist fordert. Dann geht es nicht ohne Mystik.

Jedoch: Man soll sich auch was gönnen! Man soll auch Dinge tun, die einem Spaß machen! Wer gern ein Bier trinkt, trinke es; wer gern mal tanzen geht, gehe tanzen! Mit anderen Worten: Ja keine Angst davor haben, etwas zu tun, das einen ausgleicht und aufheitert und Energien abbauen und wieder aufbauen läßt, damit man wieder Kräfte bekommt, weiterzukämpfen. Das ist ganz wichtig. Andernfalls geht einem die Puste aus. Die Natur macht nicht mehr mit. Depression, Krise, Hast, Streß und Immunschwäche sind die Folgen. Mein Tip also: Weder größer noch kleiner sein wollen als irgend jemand sonst! Genau so groß sein wollen, wie man ist. Und sich dabei natürlich bewußt sein, wie groß man in der Tat ist!

Und Poesie darf nicht fehlen. Ohne Räume der Zwecklosigkeit, der reinen Verdanktheit und nicht nur des Bedürfnisses geht es nicht: Freizeit und Muße, Fest und Feier, Betrachtung und lichtes Nichtstun. Poesie, so verstanden, bringt frische Luft in unsere Existenz. Wir müssen Schluß machen mit der Vorstellung, die ganze Welt liege allein auf unseren Schultern. Viele der Leute, die glaubten, sie trügen die Welt auf ihren Schultern, sind inzwischen nicht mehr da, und die Welt geht dennoch weiter, der Kampf geht dennoch weiter, und die Dinge müssen auch weitergehen. Niemand ist unersetzlich. Umgekehrt stimmt aber auch: Jeder und jede von uns ist wichtig, und zwar nicht nur im Augenblick, sondern immer, solange wir leben. Und weil wir wichtig sind, solange wir leben, müssen wir uns pflegen und dürfen keine Angst davor haben, glücklich zu sein.

Sich den eigenen Weg bahnen!

Leonardo Boff

Den eigenen inneren Weg zu entdecken ist eine schwierige Sache, weil wir zu sehr von außen kulturell beeinflußt sind. Unberührt ist niemand mehr von uns. Beeinflußt sind wir erstens durch alles, was unsere Gesellschaft sichtbar zu bieten hat: Familie, Schule, Religion, tonangebende Ideologie, Verwandtschaft, Freunde. Tiefenpsychologisch gesehen hat darüber hinaus die ganze Geschichte ihre Spuren in uns hinterlassen, in der Gestalt von Archetypen und von guten und schlechten Erfahrungen, die die Menschheit macht mit Eltern und Sippe, Geborenwerden und Heranwachsen, Krankheit und Tod, Sonne und Mond, Fremdsein und Anderssein. Das heißt: Wir Menschen sind alt, wie die Welt alt ist; alles, was es in der Welt so gibt, schleppen auch wir mit uns herum.

Die herrschende Kultur hilft uns nicht, wir selbst zu sein, Kreativität zu entfalten, unser eigenes Profil zu entwickeln und Singularität zu pflegen. Statt dessen will sie uns in vorgegebene Muster pressen, in die familiäre Religion, in Gesellschaft und Überlieferungen, in geltende Bilder und Selbstverständlichkeiten. Kritisch, wie er ist, sieht Paulo Freire aus diesem Grund auch die Utopie aller Erziehung in der »Praxis der Freiheit«. So ein Buchtitel von ihm[55]. Leben also als Werk eines bzw. einer jeden von uns, in freiem Bezug mit den anderen, in Geben und Nehmen. So einschüchternd das alles sein mag, so konsequent haben wir uns mit den Dingen dialektisch auseinanderzusetzen. Natürlich ist das alles

[55] *Freire, P.*, Erziehung als Praxis der Freiheit, Berlin-Stuttgart 1974.

ziemlich kompliziert und eine große Herausforderung. Gebahnte Wege gehen kann jeder. Man setzt sich ans Steuer seines Autos und fährt auf der markierten Straße in die nächste Stadt. Da geht es fast nur ums Gasgeben. Aber sich den Weg suchen, ihn sich bahnen, das ist das Abenteuer. »Wanderer, Wege gibt es nicht./Du bahnst sie dir im Gehen./Und blickst du zurück,/siehst du den Pfad,/den du nie zurückgehen wirst.«

Leicht ist auch, zu sagen: »Wir wollen Jesus Christus nachfolgen.« Meinerseits würde ich lieber sagen: »Wir wollen versuchen, zu tun, was Jesus getan hat.« Allerdings wäre es falsch, sein Verhalten einfach durchpausen zu wollen. Gemeint ist vielmehr: den Weg, den Jesus gegangen ist, unter unseren Bedingungen und aus unserem Vermögen neu zu gehen. Ja, wir müssen uns unseren Weg erst bahnen, im Lichte des Mutes, den er hatte, sich seinen Weg zu öffnen. Für mich besteht die große Herausforderung des Lebens darin, sich seinen Namen zu erwerben und ein eigenes Profil zu entwickeln.

Frei Betto hat einmal gesagt, Meditation sei wie eine Handvoll Salz. Wirfst du das Salz ins Meer, löst es sich auf und verschwindet, eingegangen in das ohnehin salzige Wasser. Meer und Wasser sind der große Ozean des kollektiven Unbewußten, in das sich die Spuren Gottes eingeprägt haben. Unser Bemühen muß sein, auch unsere Spiritualität — im Bild: die Handvoll Salz — in das kollektive Unbewußte eingehen zu lassen, damit umgekehrt unsere Existenz noch einmal von der spirituellen Gesamtatmosphäre gespeist wird. In der Sprache paulinischer Theologie heißt das: Gott wird dann alles in allen und in allem sein.

Ein geistlicher und menschlicher Werdeweg

Leonardo Boff

Meine Mutter konnte weder lesen noch schreiben; mein Vater war förmlich ein Intellektueller.[56] Seit meiner Geburt im Jahre 1938 ist mein Leben von beiden geprägt. Von seiten meiner Mutter bin ich Erde. Eine Lust sind mir Küchen, überall auf der Welt, wohin ich auch komme; eine Freude ist mir die Natur, ein Vergnügen der *bel canto* und eine Genugtuung direktes Auftreten. Von seiten meines Vaters bin ich auf den Himmel verwiesen. Lesen ist meine Leidenschaft, aber auch kühne gedankliche Flüge und begriffliche Differenzierungen. Meine Mutter hatte eine bäuerliche Frömmigkeit, wie ein Mensch, der gar nicht an Gott zu glauben braucht, weil er ganz von seiner Existenz durchdrungen ist. Sie war davon überzeugt, Gott mehr als einmal gesehen zu haben, beim Sonnenuntergang, in den roten Wolken am Himmel. Mein Vater hingegen war ein religiös ruheloser Geist. Beinahe wäre er Jesuit geworden. Von ihm habe ich den kritischen Geist gegen das autoritäre Gebaren wie gegen das überhebliche Ansinnen der Kirche, sie allein besäße die Heilsgüter. Doch beide, Vater und Mutter, hatten eine feine Einfühlung für das Drama der Armen und für soziale Gerechtigkeit. Vieles an meinem heiligen Zorn stammt aus diesem familiären Quellgrund.

Im Laufe meines Lebens bin ich in viele Schulen gegangen, an vielen Orten in Brasilien und im Ausland. Als ich in den siebziger Jahren aus Europa zurückkam, landete ich im »realexistierenden« Brasilien mit zwei Drit-

[56] Vgl. *Goldstein, H.,* Leonardo Boff. Zwischen Poesie und Politik (Theologische Profile), Mainz 1994.

teln Armen und Ausgeschlossenen. Gemeinsam mit Gustavo Gutiérrez in Peru und Juan Luiz Segundo in Uruguay entwarf ich eine Theologie im Dienst an diesen Enteigneten. Sie wurde bekannt unter dem Namen ›Theologie der Befreiung‹. Die ›Theologie der Befreiung‹ ist die erste Theologie der Neuzeit, die an der milchstraßenähnlichen Peripherie der Kirche entstand und universale Bedeutung erlangte.

Mit einem Bein bewegte ich mich stets in den sozialen Bewegungen und mit dem anderen im akademischen Bereich. In den obskurantistischen Zeiten der Militärs (1964–1985) koordinierte ich zusammen mit Frei Ludovico Gomes und Rose-Marie Muraro über zwanzig Jahre im ›Vozes‹-Verlag in Petrópolis Veröffentlichungen zensierter brasilianischer Denker. Ohne Dünkel, aber mit Entschlossenheit.

Ich habe mitgeholfen, ein kühnes theologisches Projekt für Lateinamerika in die Wege zu leiten. Das Werk mit mehr als fünfzig Bänden ist noch im Entstehen[57]. Es soll die gesamte Breite der klassischen theologischen Fächer, angereichert durch neue Fragestellungen, aus dem Engagement für die Befreiung unserer verdammten Völker neu darstellen. Solch ein Unterfangen kann nicht gelingen, ohne daß sich die offizielle Kirche von der inzestuösen Ehe mit der herrschenden Macht verabschiedet. Da ich mich für die Scheidung dieser Ehe stark mache, ließ die römische Kirche nicht locker, mich zu verfolgen.

Aus meiner Schreibmaschine stammen mehr als fünfzig Bücher. Eines davon: ›Kirche, Charisma und Macht‹[58] brachte mich 1984 vor die Gerichtsschranken

[57] In deutscher Übersetzung liegen sechzehn Bände vor: Bibliothek Theologie der Befreiung (BThB), Patmos, Düsseldorf 1987–1992.

[58] *Boff, L.*, Kirche: Charisma und Macht. Studien zu einer streitbaren Ekklesiologie, Düsseldorf 1985, [5]1986. Das brasilianische Original erschien in erster Auflage 1981.

der ehemaligen Inquisition in Rom. In früheren Jahrhunderten wäre ich unter den Augen des Volkes verbrannt worden. Doch zur Zeit wurde mir nur ein Jahr Schweigen nebst anderen geringeren Strafen auferlegt. Seit nunmehr fünfundzwanzig Jahren übe ich die Lehrtätigkeit als Theologe aus, im Augenblick als Professor für Ethik an der ›Universität des Staates Rio de Janeiro‹.

In meinem Denken versuche ich, in der ursprünglichen Erfahrung des Christentums die Seite herauszuarbeiten, wo der Glaube die Menschen interessieren und wo er wirklich weltweit sein könnte. Ich steige ein bei der Aussage, daß Gott als Vater und Mutter uns konkreten Menschen, wie wir sind, nahe ist, bei der Überzeugung, daß wir alle Söhne und Töchter Gottes sind, und bei der Gewißheit, daß alles Fleisch (unser Fleisch, das der Erde, das der Tiere, kurz: der ganze Kosmos) auferstehen wird. So sind wir zuversichtliche Pilger der Freude und nicht untröstliche Marschierer durch das Tal der Tränen. Es ist meine feste Überzeugung, daß nur ein Christentum der Befreiung die subversive und befreiende Erinnerung an Jesus beerben und den Menschen im Weltprospekt eine Zusage sein kann. Andernfalls bliebe das Christentum eine Episode des Okzidents und mehr und mehr ein Akzidenz. Am Herzen liegen mir Mystiker wie Chuang-tzu und Meister Eckhart. Von letzterem habe ich einige Hauptwerke ins Portugiesische übersetzt und im ›Vozes‹-Verlag herausgegeben. Indes: Wahre Mystik ist für mich die der offenen Augen und der tätigen Hände. Ohne das bleibt von Mystik nur Mystifizierung.

Angesichts des Elends in der Welt wäre ein Tod in Entfremdung — trotz Empfangs der Sterbesakramente und Hinscheidens in heiligem Frieden — für mich nur Schande und Strafe. Unser Leben muß sich verbrauchen im Ablehnen der »realexistierenden« Gesellschaft bzw. — besser noch — im Kärrnerschweiß, sie umzubauen.

Unter dem Druck durch die ekklesiastische Kontrolle, die mich an meiner Arbeit nur noch hinderte, gab ich im Juni 1992 meinem Leben eine neue Form in der Absicht, am alten Inhalt um so besser festhalten zu können: Ich verzichtete auf mein Amt als Lehrer im Priesteramt und beförderte mich damit zum Laien.

Heute habe ich meinen Platz im selben Stand wie Jesus, der — als Sohn aus dem Stamm David und nicht aus dem Stamm Levi — ja Laie war, wie im übrigen auch Franz von Assisi, der sich ja sein Leben lang nicht zum Priester hat weihen lassen. Und in dieser Gesellschaft fühle ich mich durchaus wohl — an der Seite von Frei Betto, der ja Dominikanerbruder im Laienstand ist, und von zahlreichen anderen Männern und Frauen, für welche Heiligkeit in der Liebe des Alltags, im Teilen ihrer Habe, in der Sorge um das Leben und im Kampf für Recht und Gerechtigkeit besteht. Auf diese Weise stellen sie das brüderlich-schwesterliche Bündnis mit der Schöpfung wieder her und versuchen, dort, wo sie stehen, den Traum von einer planetarisierten, der einen und bunten, lokalen und globalen, katholischen und ökumenischen Menschheit mit Leben zu erfüllen.

Geistliche Autobiographie

Frei Betto

Dank meinen Eltern erwachte ich schon als Kind zum christlichen Glauben. In der Kirche des Karmelklosters in Belo Horizonte, in der Stadt, in der ich 1944 geboren wurde, ging ich zum Katechismusunterricht. Allerdings galt mein Interesse mehr den Serienfilmen von Flash Gordon als den Predigten von Frei Inocêncio gegen die Sünden des Fleisches. Im Gymnasium ›Sacré Coeur de Maria‹, in das schon meine Mutter und meine Schwestern gegangen waren, konnte ich nur Skepsis aufbringen für das handgedrehte Kino, bestehend aus einer Papierrolle in einem Glaskasten, das uns zeigen sollte, wie sich die weiße Seele schwarz färbte, wenn sie den Versuchungen nachgab. Pfarrer Paulo in der Kirche ›Boa Viagem‹ war da schon toleranter, wenn er die Sünden des Sommers wie selbstverständlich zu Lasten von Strand und Hitze gehen ließ.

Im Maristengymnasium, in das ich dann kam, nahm man mich als Chaoten und gar zu mittelmäßigen Schüler, als der ich galt, nicht in den ›Eucharistischen Kreuzzug‹ auf. Und so sehr ich mich auch anstrengte, gelang es mir nie, mir durch die Praxis der neun Herz-Jesu-Freitage einen Platz im Himmel zu sichern. Die Messe war einfach zu früh für meine Träume.

Als ich dreizehn war, kam ich mehr oder weniger per Zufall in die JEC[59]. Zusammen mit Henriquinho, der in

[59] JEC: Juventude Estudantil Católica = Katholische Jugend an Höheren Schulen. Eine der Jugendbewegungen der ›Katholischen Aktion‹. Die JEC wie die ›Katholische Aktion‹ insgesamt ist eine der Wurzeln von Christentum und Theologie der Befreiung. Vgl. *Goldstein, H.,* Artikel

Brasilien später unter dem Spitznamen ›Henfil‹ bekannt wurde, wollte ich den Mitgliedern der JEC zeigen, daß wir keine Kinder mehr waren. Dank den Dominikanern entdeckte ich die befreiende Dimension des Glaubens. Sie machten mich vertraut mit den Schriften von Jacques Maritain, Emmanuel Mounier, Henrique de Lima Vaz[60], Louis Joseph Lebret und Tristão de Atayde[61]. Fortan stand ich früher auf, um im Konvent der Benediktinerinnen der Messe mit Pater Timóteo Amoroso beizuwohnen, der dann später während der Militärdiktatur in Salvador als Abt des dortigen Benediktinerklosters eine große Ausstrahlung auf engagierte junge Christen gewann. Dom Timóteos Begeisterung für Thomas Merton und die Trappisten erfaßte auch mich. Gott, der für mich bisher ein lehrhafter Begriff gewesen war, wurde zu einer ganz nahen Person in meinem Leben.

Als ich siebzehn Jahre alt war, hatte ich am Strand von Itanhaém (Staat São Paulo) meine erste mystische Erfahrung. Drei Jahre später, inzwischen im Studium, hing ich die Universität an den Nagel und ging ins Kloster, zu den Dominikanern. Ganze drei Monate im Noviziat, verlor ich den Glauben. Sieben Monate dauerte die dunkle Nacht, bis der Inhalt der Leidenschaft, die Theresia von Avila verspürte, auch in mir erwachte und mich zum Glauben zurückführte. Zum erstenmal war ich sicher, daß die Quelle, die allein meine Sehnsüchte

›Katholische Aktion‹, in: ders., Kleines Lexikon zur Theologie der Befreiung, Düsseldorf 1991, 108–109.

60 Brasilianischer Jesuit. Philosoph. In Brasilien bekannt unter dem Namen ›Padre Vaz‹, beeinflußte er in den sechziger Jahren mit seiner Schrift ›Cristianismo e Consciência Histórica‹ (São Paulo 1963; zuvor als Aufsatzreihe in der Zeitschrift ›Síntese‹ erschienen) maßgeblich junge engagierte Christen und Christinnen, vor allem in der JUC (Juventude Universitária Católica; vgl. *Goldstein, H.,* Artikel ›Katholische Aktion‹).

61 Pseudonym für den brasilianischen engagierten Intellektuellen Alceu Amoroso Lima. Vgl.: *Boff, L.,* Was heißt heute ein christlicher Intellektueller und Denker sein?, in: ders., Und die Kirche ist Volk geworden, Düsseldorf 1987, 221–246, bes. 231–246.

zu stillen vermochte, sich mir näherte. Seither ist Gott das Ziel meiner Liebe.

Als verlorener Sohn, der ich mich fühlte, wurde mir klar, daß, wenn ich nicht ohne Sünde vor Gott treten könne, in der liebenden Begegnung mit ihm oder ihr, der oder die ja ganz Barmherzigkeit und Gerechtigkeit ist, die Möglichkeit für mich gründe, ein Stückchen treuer zu werden. Während der vier Jahre, die ich dann im Gefängnis saß, führten mich Augustinus und Plotin, Dominikus und Thomas von Aquin, Meister Eckhart und insbesondere Johannes vom Kreuz in die Wüste. Was ich mitgemacht habe, kann ich keinem sagen. Eisen und Feuer hinterließen ihre Spuren in mir.

Der tägliche Kontakt mit den Armen — in der Favela, in der ich in Vitória wohnte, in den Kirchlichen Basisgemeinden und schließlich in den Städten der Eisenverarbeitung um São Paulo — evangelisierte mich all die Jahre über und gibt mir heute einen theologalen[62] Blick für die Volksbewegungen und für deren Kampf in Gewerkschaft und Politik. Zu danken habe ich auch meinem jüngsten Bruder Tonico, mit dem ich fünf Jahre zusammengewohnt habe und der mich tiefer in das göttliche Geheimnis eingeführt hat als alle Mystiker, die ich gelesen habe.

Seit 1979 arbeite ich mit Gebetsgruppen, die mich auf dem Weg zum Unsagbaren ganz entschieden stärken.

Im Jahre 1987 las ich die ›Wolke des Nichtwissens‹ aus der Feder eines unbekannten englischen Mystikers aus dem 14. Jahrhundert. Das Buch tat mir neue Horizonte auf. Dank den literarischen Reisen, die ich seitdem

62 ›Theologal‹ ist in den iberischen Sprachen Lateinamerikas ein gängiger Ausdruck, mit dem die Theologie der Befreiung die göttliche Wirklichkeit in sich benennt, während ›theologisch‹ die Reflexion über die Dimension Gottes bezeichnet. Vgl. *Goldstein, H.*, Artikel ›Theologal/theologisch‹, in: ders., Kleines Lexikon zur Theologie der Befreiung, Düsseldorf 1991, 219.

durch Buddhismus, Zenbuddhismus und andere Quellen östlicher Spiritualität wie zum Beispiel die *Bhagavadgita* mache, halte ich heute täglich meine Betrachtung.

Ich habe die Vermutung, daß das Weltall der Mutterschoß Gottes ist und daß wir darin heranreifen, bis wir zum endgültigen Leben geboren werden.

Für mich ist Beten nicht minder wichtig für die Gesundheit des Geistes als Essen für das Wohlergehen des Körpers und Schlafen für die Ausgeglichenheit des Kopfes. Schließlich bin ich der Überzeugung, daß die neuen Männer und Frauen der Zukunft unweigerlich Söhne und Töchter aus der Ehe zwischen Ernesto Che Guevara und Theresia von Avila sein werden.